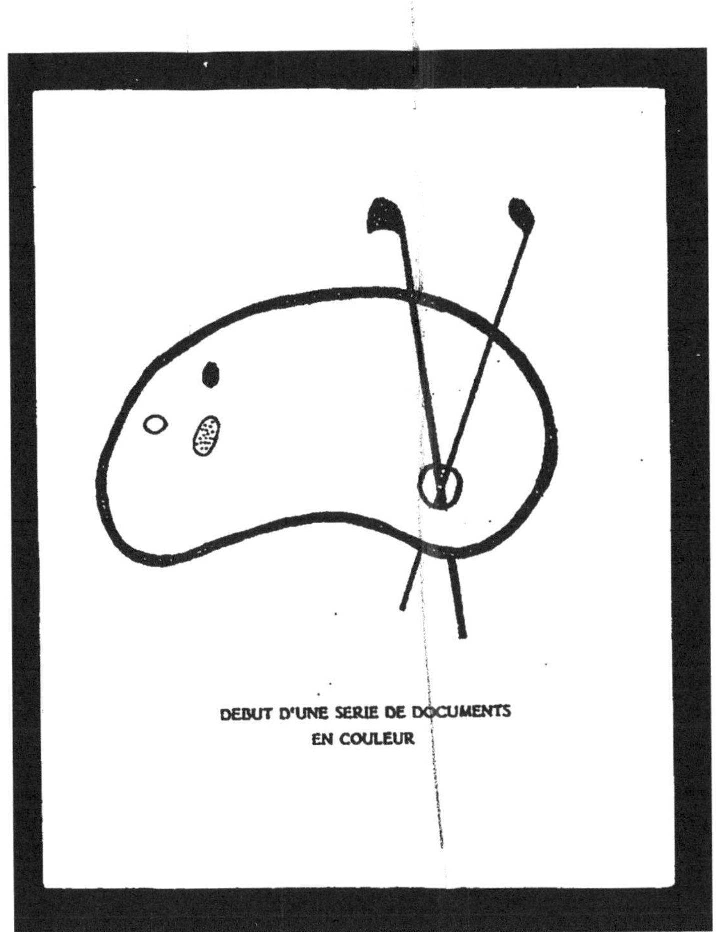
DEBUT D'UNE SERIE DE DOCUMENTS
EN COULEUR

QUESTIONS DE SOCIOLOGIE

L. GARRIGUET

La Propriété Privée

Huitième édition

BLOUD & Cie
S. et R. 154-155

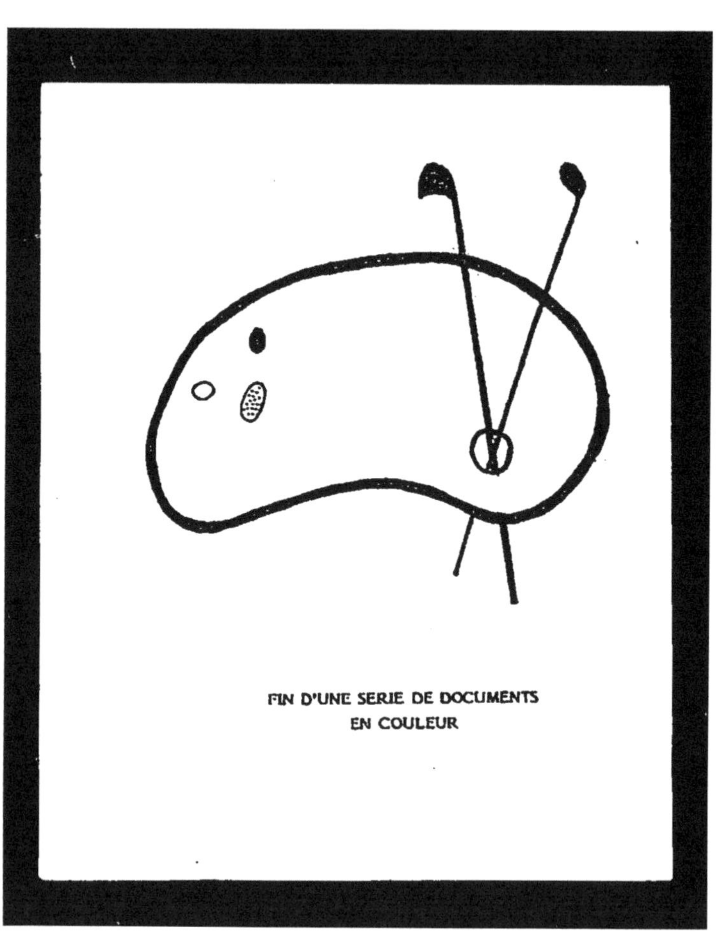
FIN D'UNE SERIE DE DOCUMENTS
EN COULEUR

QUESTIONS DE SOCIOLOGIE

ÉTUDES DE SOCIOLOGIE

III et IV

LA PROPRIÉTÉ PRIVÉE

PAR

L. GARRIGUET

Supérieur du Grand Séminaire d'Avignon

PARIS

LIBRAIRIE BLOUD & Cie

7, PLACE SAINT-SULPICE, 7

1909

DU MÊME AUTEUR

I-II. — **Question sociale et Ecoles sociales** (152-153). 2 vol. Prix............................ **1 fr. 20**

III-IV. — **La Propriété privée** (154-155). 2 vol. Prix.................................... **1 fr. 20**

V. — **Le Salaire** (264). 1 vol................ **0 fr. 60**

VI. — **Le Contrat de Travail** (292). 1 vol... **0 fr. 60**

VII. — **L'Association ouvrière** (293). 1 vol.. **0 fr. 60**

VIII. — **Capital et Capitalisme** (304). 1 vol.. **0 fr. 60**

IX. — **Production et Profit** (358). 1 vol..... **0 fr. 60**

X. — **Prêt, Intérêt, Usure** (408). 1 vol..... **0 fr. 60**

Traité de Sociologie d'après les Principes de la Théologie catholique. Tome I. **Régime de la Propriété.** 1 vol. in-16............................ **3 fr. 50**

— Tome II. **Régime du Travail,** 1 vol.... **3 fr. 50**

— Tome III. **Régime du Travail.** 1 vol... **3 fr. 50**

ÉTUDE
SUR LA PROPRIÉTÉ PRIVÉE

CHAPITRE PREMIER

NOTIONS PRÉLIMINAIRES

I. Notion de la Propriété et du Droit de propriété.— Si on parcourt la campagne, on voit la terre morcelée presqu'à l'infini. Au lieu d'un espace immense ouvert à tous et où chacun peut à son gré travailler, semer et récolter, ce sont des champs, des prés, des vignes, des bois délimités par des bornes, séparés par des fossés ou clos par des murs et des haies. Chacun de ces champs, de ces prés et de ces bois dépend d'un propriétaire qui le considère comme son bien exclusif. Il entend avoir le droit d'en jouir seul, de l'exploiter à sa guise et d'en disposer à son gré. Il n'admet pas qu'un autre puisse venir lui en disputer les fruits ou lui en contester la possession. Il en est le maître unique sinon absolu.

Ce qui existe pour la terre existe pareillement pour les autres objets qui, limités en nombre ou en quantité, ne sauraient servir à tous en même temps. Maisons, usines, instruments de travail et de production, animaux domestiques, denrées, marchandises tout a son propriétaire, ou, ce qui revient au même, est la propriété de quelqu'un.

Le mot de *propriété* est pris dans deux acceptions différentes. — Tantôt il désigne ce qui appartient à quelqu'un, ce qui est le bien propre de quelqu'un. C'est ainsi qu'on dit : Voilà la propriété de Pierre; ces champs, cette maison, ces chevaux, ces récoltes forment ma propriété. — Tantôt il désigne non plus la chose possédée elle-même, mais le pouvoir juridique, le droit de jouir et de disposer que tel ou tel homme a sur elle. C'est dans ce sens qu'on dit : avoir la propriété d'une ferme, d'une usine, d'un livre, d'un brevet d'invention, etc. Ainsi entendu, le mot de propriété est synonyme de *droit de propriété*. Nous le prendrons presqu'exclusivement dans cette acception durant tout le cours de cette étude, il importe donc d'en bien préciser la signification.

Le droit de propriété était défini en Droit romain : *jus utendi, fruendi et abutendi ;* c'est-à-dire la légitime faculté d'user d'une chose, d'en tirer tous les services qu'elle peut rendre, de percevoir tous les fruits qu'elle peut donner, de bénéficier de toutes les plus values qu'elle peut acquérir et de disposer d'elle à volonté par donation, vente, échange, transformation ou autrement. — Le Droit canon a accepté cette définition et se l'est appropriée sans y rien changer. — Le Droit français en a modifié les termes, mais en a gardé le sens ; à l'article 544 du Code civil il appelle la *propriété :* « le droit de jouir et de disposer des choses, de la façon la plus absolue, pourvu que l'on n'en fasse pas un usage prohibé par les lois ou par les règlements ».

Ces deux définitions ne considèrent que le côté juridique de la question. Elles laissent absolument dans l'ombre les obligations morales qui découlent du droit de propriété, ainsi que les restrictions que Dieu et la nature ont apportées à son plein exercice. Aussi de nombreux théologiens font-ils difficulté de les admettre à moins qu'elles ne soient corrigées, complétées ou au moins expliquées. Ils reconnaissent que le propriétaire a sur ce qui lui appartient un droit réel et exclusif, ils accordent qu'il peut sans aller contre *la justice* faire de son bien tout ce qu'il lui plaît, même l'usage le plus absurde et plus déraisonnable ; mais ils contestent qu'en agissant de la sorte il soit toujours à l'abri de tout reproche et de toute faute. Par d'inutiles gaspillages, souvent il pèche contre la charité et toujours il va contre les vues de la Providence en détournant de leur fin des biens qui ont été donnés non pour le caprice d'un seul, mais pour l'avantage de tous. Ces théologiens préféreraient la définition de saint Thomas : *jus disponendi et dispensandi* (le droit d'administrer et de dispenser). Ils ne consentent à accepter celle de notre Code qu'à la condition d'y ajouter quelques mots qui en précisent le sens et lui enlèvent ce qu'elle paraît avoir d'opposé à la conception chrétienne de la propriété. Ils la voudraient ainsi formulée : « Le droit de propriété est le droit de jouir et de disposer des choses de la façon la plus complète pourvu qu'on n'en fasse pas un usage qui soit en opposition avec les lois de l'Etat, les vœux de la nature et les desseins de Dieu ».

Par là, tout en maintenant et en sauvegardant le côté juridique du droit de propriété, ils enlèvent à ce droit ce qu'il aurait de trop absolu, ils le ramènent à une notion moins païenne et insinuent — ce que nos grands docteurs du Moyen Age ont tous affirmé après les Pères, — qu'il est tempéré par des obligations morales et ne s'exerce légitimement que dans des limites fixées par la Providence.

II. Objets susceptibles d'appropriation, c'est-à-dire susceptibles de devenir propriété. — Sont susceptibles d'appropriation tous les objets, mais les seuls objets qui sont de quelqu'utilité, n'existent pas en quantité illimitée et se prêtent à une occupation effective.

Nous disons d'abord : *les objets qui sont de quelque utilité* car ce qui pousse les hommes à faire *leur* une chose, c'est uniquement l'espoir qu'ils ont d'en tirer avantage et profit. Le droit de propriété consistant dans la faculté d'user et de jouir, il ne peut s'exercer que sur ce qui est capable de se prêter à un usage ou d'offrir une jouissance. L'idée ne viendra jamais à quelqu'un de s'emparer d'un objet dont il ne peut attendre ni services, ni plaisir, ni bénéfice. En s'en emparant il ferait un acte souverainement déraisonnable.

Nous disons ensuite : *les objets qui n'existent pas en quantité illimitée*, car il n'y a aucun motif de s'approprier ce qui peut servir à tous sans s'épuiser, comme l'air, la lumière du jour, la chaleur du soleil, l'eau de la mer. A quoi bon s'en réserver pour son usage exclusif telle ou telle partie lorsqu'on sait qu'on en trouvera toujours à discrétion ?

Nous disons enfin : *les objets qui se prêtent à une occupation, à une prise de possession effective*, car un objet aurait beau être utile en lui-même et limité en quantité, très utile et très limité même, il ne saurait devenir propriété s'il n'y a pas possibilité de s'emparer de lui. Une fleur rare qui a poussé en un endroit inabordable, un trésor enfoui dans les profondeurs de l'Océan, un oiseau qui vole au sommet des airs sont bien susceptibles *en droit* d'appropriation, mais ne le sont nullement *en fait*. Il faudrait pouvoir les atteindre et les capturer. — Comme les objets extérieurs et corporels seuls sont susceptibles de captation, seuls ils sont susceptibles de devenir propriété. C'est pourquoi les anciens interprètes du droit romain et les canonistes définissent généralement la propriété avec Bartolus : *Jus perfecte disponendi de re corporali, nisi lege prohibeatur*.

Trois sortes d'objets extérieurs et corporels peuvent réunir les conditions qui viennent d'être énumérées et par conséquent sont susceptibles d'appropriation. Ce sont :

1° Les *biens naturels* ; c'est-à-dire ce qui pousse en dehors de tout concours de l'homme et sans aucune peine, aucun travail, aucune intervention même de sa part. Tels sont : le gibier, les poissons, les fruits spontanés du sol, etc.

2° Les *produits*, fruits de l'industrie et du labeur, comme sont : les vêtements, les meubles, les marchandises, les maisons, les instruments de travail, les récoltes obtenues par la culture, les minéraux extraits du sol et transformés par les mains de l'homme, les œuvres de l'esprit telles que livres, tableaux, compositions musicales et autres. Les *produits* sont de beaucoup les objets les plus nombreux de propriété et la matière la plus ordinaire des transactions commerciales.

3° La *terre*, qui peut être considérée et comme un bien naturel et même jusqu'à un certain point comme un produit. — Elle est bien naturel si on la considère en elle-même, en dehors de tout soin, de toute culture, de toute transformation opérée par l'industrie humaine, telle, en un mot, qu'elle existe encore dans d'immenses régions du Far-West, de l'Afrique et de l'Australie. — Elle est un produit *sui generis*, si on veut ; mais pourtant un produit, si on l'envisage avec les améliorations qu'elle a reçues, le travail qu'elle a nécessité, les transformations qu'elle a subies, la fécondité qu'elle a acquise. Au lieu de contrées originairement ou dénudées, ou couvertes d'un maigre gazon, ou revêtues d'une végétation luxuriante, mais sans ordre, sans dessein et sans utilité, on voit maintenant des terres défrichées, ameublies par le long et persévérant labeur des générations. Elles sont transformées en champs, en prés, en vignes où les récoltes se succèdent et d'où l'on tire, grâce au travail qui y a été enfoui, des fruits abondants qu'elles n'eussent jamais donnés laissées à elles-mêmes. « Ainsi améliorée, artificielle en quelque sorte, cette terre est un produit aussi bien que la maison qu'on a construite, aussi bien que le drap qu'on a tissé. Ici la nature a donné un emplacement où tout était à faire ; là, elle a fourni une espèce animale avec la toison inculte et graisseuse qui la revêtait ; mais on peut dire que l'un et l'autre de ces deux résultats du travail présentent à l'analyse philosophique le même titre d'acquisition exclusive et personnelle (1). » Cette constatation était importante à faire à cause de ce qui suivra.

III. Différentes espèces de propriété. — La propriété se divise en de nombreuses espèces. Nous n'indiquerons que les principales. Elle est :

1° Ou *privée* ou *collective*. Elle est *privée*, si elle appartient à un particulier qui a le droit de la revendiquer pour sienne et d'en jouir exclusivement à tout autre. Par particulier il faut entendre une personne morale aussi bien qu'une personne physique. Ainsi les biens appartenant à une commune, à une fabrique, à un hospice, à un établissement reconnu et jouissant de la personnalité civile sont biens privés non moins que s'ils appartenaient à Pierre ou à Paul. — Elle est *collective*, si elle appartient non à tel ou tel individu, à tel ou tel être moral légalement reconnu ; mais à une catégorie, à une agglomération d'individus comme les membres d'un syndicat, les habitants d'une commune, les citoyens d'une nation. Tous ont sur elle des droits égaux, elle est à tous par indivis. Tous ne peuvent pas s'en servir en même temps, mais tous doivent en bénéficier ; elle doit fructifier pour tous, elle est la chose de la collectivité.

2° Ou *mobilière* ou *immobilière*. Elle est *mobilière*, si l'objet possédé est un meuble. On donne le nom de meubles aux corps qui peuvent se transporter d'un lieu à un autre, soit qu'ils se meuvent par eux-mêmes, comme les animaux ; soit qu'ils ne puissent changer de place que par l'effet d'une force étrangère, comme les choses inanimées, les tableaux, les livres, les matériaux, les produits manufacturés, etc. On appelle encore meubles « par détermination de la loi » les rentes

(1) J. Rambaud. — *Cours d'Economie politique*, p. 45.

sur l'Etat, les actions et obligations d'entreprises financières, les créances sur les particuliers. — Elle est *immobilière*, si l'objet possédé est un immeuble, que ce soit un immeuble *par nature*, comme les fonds de terre, les bâtiments, les récoltes pendantes et non encore cueillies ; ou un immeuble *par destination*, comme les animaux et les instruments servant à la culture, les pigeons des colombiers, les lapins des garennes, les poissons des étangs ; ou un immeuble *par l'objet auquel il s'applique*, comme l'usufruit des choses immobilières, les servitudes ou services fonciers, etc. — La *propriété immobilière* se subdivise en propriété *foncière* et en propriété *bâtie*. La propriété foncière, c'est la propriété du sol et de ses richesses ; la propriété bâtie, c'est la propriété des constructions agricoles, des maisons d'habitation et des autres bâtiments élevés sur le sol, comme usines, ateliers, magasins, monuments, etc.

3° On distingue aussi la propriété *littéraire*, la propriété *artistique*, la propriété *industrielle*. La propriété *littéraire* est celle qu'un écrivain possède sur ses ouvrages ; — la propriété *artistique* celle qu'un peintre, qu'un sculpteur, qu'un graveur a sur les produits de son pinceau, de son burin, de son poinçon ; — la propriété *industrielle* celle qu'un inventeur possède sur les procédés de fabrication qu'il a découverts, ou encore un marchand sur la marque qu'il a créée et les procédés brevetés qu'il exploite.

IV. Manière dont s'est établie la propriété privée. — Non seulement d'après les partisans de la théorie évolutionniste, mais encore d'après beaucoup d'économistes appartenant à d'autres écoles, les hommes auraient commencé à exercer leur droit de posséder uniquement sur des objets mobiliers. Ils se seraient appropriés d'abord le gibier qu'ils capturaient, le poisson qu'ils prenaient, les fruits spontanés du sol qu'ils cueillaient ; puis les instruments de pêche, de chasse ou de travail qu'ils faisaient ; puis les provisions qu'ils constituaient en vue du lendemain ; puis l'abri qu'ils élevaient pour se protéger contre les intempéries des saisons et les attaques des bêtes sauvages ; puis les animaux qu'ils domestiquaient et qui, réunis en troupeaux, ne tardèrent pas à devenir la principale fortune individuelle. Plus tard, fatiguée de la vie errante du pasteur ou du chasseur, une partie de l'humanité se serait fixée ; au lieu d'une tente que l'on plie et que l'on emporte quand on change de pâturage, ou d'une cabane faite de branches et de feuillage que l'on abandonne quand on gagne une région plus giboyeuse, elle aurait construit des demeures plus solides et formé des villages. Chacun se serait considéré comme le maître de la maison élevée par ses soins et peu à peu de l'enclos attenant. — Ce n'est que progressivement que les hommes seraient arrivés à la propriété foncière et encore cette propriété du sol aurait-elle commencé à peu près partout sous la forme d'une communauté avec indivision, de telle sorte que la terre était à la tribu tout entière et que les fruits appartenaient seuls à ceux qui cultivaient les parcelles de terrain mises à leur disposition, à titre seulement temporaire, par les autorités de la tribu. « L'indivision territoriale, dit Cauwès, subsiste en ce sens que la propriété, comme droit perpétuel, n'appartient qu'à la tribu ; mais la terre cultivée est répartie annuellement ou par cycles d'années entre les familles par voie d'autorité ou de tirage au sort (1). »

Dans beaucoup de cas les choses ont pu et même dû se passer de la sorte. Cependant, comme nous le verrons plus loin, il est exagéré de dire que la propriété mobilière a partout et toujours devancé la propriété foncière et que partout et toujours la propriété foncière a revêtu, à son origine, une forme collective. Aux premiers temps de l'humanité la terre étant sans habitants, il y avait du sol à discrétion pour tous et l'on conçoit que les hommes n'aient guère éprouvé le besoin de s'en approprier telle et telle partie. Leur droit de posséder dut s'exercer de préférence sur les objets mobiliers, mais rien ne prouve que pendant longtemps il ne s'est exercé que sur ces objets, et que la propriété foncière n'est venue que tardivement et encore sous la forme dont parle Cauwès. Cette forme, de fait, a existé originairement dans de nombreux pays, on en trouve encore un dernier vestige dans le *mir* des paysans du nord-ouest de la Russie ; mais on ne saurait établir que, seule, elle exista partout et exista durant de nombreux siècles. Simultanément avec les régimes de communauté à indivision perpétuelle ou à division momentanée on trouve pour le sol, dès les

(1) *Cours d'Économie politique*, t. I, p. 272.

temps les plus reculés, le régime de *la propriété individuelle*; bientôt même ce régime prédomina absolument et subsista seul chez la plupart des peuples. — La propriété *foncière privée* ne revêtit pas, dans tous les pays et à toutes les époques, les mêmes aspects, elle varia de forme suivant les mœurs locales et le degré d'évolution sociale ; elle a procédé comme par étapes. Avant d'arriver à notre propriété individuelle moderne, l'humanité a passé par la propriété *patriarcale* et la propriété *féodale* ou *régalienne*.

Dans le *régime patriarcal* tout appartient au chef de la famille. Le père, c'est-à-dire l'ascendant le plus ancien, concentre entre ses mains tous les droits des siens. Il est seul maître et, quand il disparaît, celui qui vient après lui par rang d'âge et de naissance lui succède. C'est bien déjà la propriété individuelle, mais une propriété qui se ressent encore de l'ancienne communauté de la tribu ; tous les pouvoirs, toutes les prérogatives sont exercés par le *paterfamilias* qui a le gouvernement exclusif et la libre disposition des biens de la famille ou de la *gens*.

Dans le *régime féodal* ou *régalien* la propriété est concédée à un particulier par le prince qui s'en réserve le domaine éminent, domaine seulement nominal généralement. Le concessionnaire en reçoit le domaine utile ou jouissance en retour de certaines charges qu'il accepte. Tantôt ce domaine utile était accordé héréditaire et perpétuel et alors il se résolvait pratiquement en une propriété proprement dite ; tantôt il n'était concédé que temporairement ou avec une facilité de révocation et alors il se réduisait à un simple usufruit ; le souverain restait le maître effectif.

A ce régime d'incomplète indépendance a peu à peu succédé notre régime moderne de propriété individuelle et libre. A mesure que la civilisation s'est développée, le lien féodal s'est relâché, le domaine éminent a disparu et la propriété s'est trouvée affranchie sinon de toute charge au moins de toute suzeraineté amoindrissante. Le propriétaire est aujourd'hui maître exclusif de son bien, il ne dépend que de Dieu et pourvu qu'il n'aille pas contre les vues de la Providence il peut faire de ce qui lui appartient l'usage qu'il lui plaît.

Telles sont les phases diverses par lesquelles, dans son évolution, a passé la propriété. Elle a été toujours se perfectionnant et s'affirmant ; elle a progressé dans la mesure même où progressait la civilisation et avec la forme présente elle semble être arrivée au terme suprême de son ascension.

Après avoir donné ces notions générales il nous reste à aborder le fond de la question et à traiter, dans une série d'études, de la *légitimité*, de *l'origine*, de *l'étendue*, des *caractères*, des *charges* de la propriété privée.

CHAPITRE II

EXISTENCE DU DROIT DE PROPRIÉTÉ PRIVÉE

I. Exposé des opinions diverses émises sur ce point. — Les opinions les plus opposées se sont produites par rapport à la légitimité de la propriété. Considérée par les uns comme le fruit de l'injustice et du vol, regardée avec raison par les autres comme la base nécessaire de tout ordre social, la propriété a été l'objet à la fois des attaques les plus violentes et des défenses les plus vigoureuses. Il n'y a pas d'institution qui ait des adversaires aussi acharnés et des partisans aussi convaincus. C'est sur ce terrain que se livre la lutte redoutable engagée par les socialistes contre ceux, grâce à Dieu, nombreux encore, qui refusent de s'associer à la dangereuse expérience de réforme radicale qu'on voudrait tenter.

1° Les *Communistes* repoussent toute propriété, aussi bien la propriété *collective* que la propriété *privée*. Ils ne reconnaissent pas plus à l'Etat et aux Communes qu'aux simples particuliers le droit de posséder. D'après eux : *tout est à tous et rien à personne*. Les biens de toute nature, les meubles comme les immeubles, les objets de consommation eux-mêmes sont *communs* et chaque homme a un droit égal d'en user et de prendre ce qui est nécessaire à son entretien (1).

(1) Le système *communiste* a souvent été décrit dans les romans philosophiques. Il séduisit jadis un certain nombre d'esprits éminents de l'ancienne Grèce ; on essaya de l'appliquer à Sparte. L'essai allait être renouvelé en France par Gracchus Babœuf lorsque celui-ci périt en 1797 dans la *Conjuration des Egaux*. Le Communisme eut un regain de vogue

2° Les *Collectivistes* admettent la légitimité de la propriété *collective*, mais ils rejettent absolument comme injuste et nuisible la propriété individuelle. Ils donnent pour base à leur système le principe économique suivant : *Pas de propriété privée ; l'Etat socialiste propriétaire exclusif du sol et de tous les autres agents de production*. Parmi eux, les uns veulent livrer la propriété aux *communes* qui devront pourvoir aux besoins matériels et moraux de leurs membres (1) ; — les autres abandonnent tous les moyens de production à l'*Etat démocratique* qui distribuera aux particuliers le travail à faire et leur procurera en retour des moyens de subsistance proportionnés à leurs besoins. Ainsi terres, capitaux, outillages, matières premières, fabriques, machines, maisons ne pourront appartenir qu'à l'Etat ou plutôt, comme ils disent, à la Collectivité. A la propriété privée ils substituent la propriété collective entre les mains de l'Etat chargé de l'administrer et d'en diriger le mouvement économique à l'avantage commun.

Reconnaissant que le produit du travail appartient intégralement à celui qui l'a fait, qu'il est sa propriété personnelle et absolue, les *Collectivistes* sont amenés à reconnaître à l'ouvrier le droit d'employer la partie de son gain qu'il ne dépenserait pas pour la satisfaction de ses besoins ou pour ses plaisirs, à acheter non de la terre ou d'autres moyens de production, mais des objets d'agrément ou de consommation comme tableaux, livres, meubles ou aliments. Ces biens acquis par le travail personnel peuvent être possédés en propre par les particuliers et même être transmis par voie d'héritage, seulement l'Etat, pour empêcher le retour des inégalités sociales, — cause du malaise général ac-

avec Saint-Simon, Fourrier, Cabet, Robert Owen. Quelques-uns de ces utopistes essayèrent de sortir de la spéculation et de mettre en pratique les idées qu'ils avaient développées dans leurs ouvrages. Toutes leurs tentatives échouèrent piteusement et aujourd'hui le Communisme est universellement abandonné. Il a été remplacé par le Collectivisme.

(1) De là le nom de *socialistes communistes* donné parfois à cette catégorie de socialistes qui veulent rendre la *commune* propriétaire de tous les biens. Alors on réserve le nom de *socialistes collectivistes* pour ceux qui mettent tout entre les mains de l'Etat ou de la collectivité.

tuel, — devra soigneusement veiller à ce que ces biens ne deviennent pas trop considérables.

3° Les *Socialistes agraires* reconnaissent la légitimité du droit de propriété privée pour tous les objets meubles et immeubles ; ils ne font qu'une exception, mais cette exception est capitale, elle porte sur le sol. Ils disent que la terre avec ses trésors et sa fertilité n'a été attribuée par la nature à personne en particulier. Elle a été donnée en commun à tous, pour servir à tous indistinctement et pour que tout homme puisse y trouver sa nourriture et y prendre ce dont il a besoin pour exercer son activité. Qui en revendique une partie à son profit et à l'exclusion des autres usurpe ce qui ne lui appartient pas. Il attire à lui seul ce qui devrait servir à beaucoup et pour vivre dans l'abondance il oblige plusieurs de ses semblables, sinon à mourir absolument de faim, au moins à mener une existence misérable. Il faut donc que l'Etat soit le seul propriétaire du sol.

4° Les *Socialistes d'Etat* ne sont pas, à proprement parler, des adversaires de la propriété privée. Ils en admettent la parfaite légitimité et l'acceptent sous toutes ses formes. Ils ne contestent pas plus le droit de propriété foncière que le droit de propriété industrielle, mobilière ou autre; mais en pratique leur système ouvre la voie au Collectivisme et porte une atteinte indirecte à la propriété privée. Préoccupés d'étendre les droits de l'Etat, dont ils font une sorte de Providence universelle, ils multiplient entre ses mains monopoles sur monopoles. Ils lui font absorber peu à peu, non pas seulement tous les services politiques et administratifs ; mais encore une grande partie des fonctions économiques. Il a déjà accaparé beaucoup, il détient d'une manière exclusive les postes, les télégraphes, les tabacs, la poudre, les allumettes, etc., et ils voudraient lui donner en plus les mines, les chemins de fer, la banque nationale, les caisses d'assurance, l'assistance publique et bien d'autres choses encore. Ce système d'absorption progressive des services privés par l'Etat ou la Commune aide puissamment l'évolution vers le Collectivisme, il conduit en droite ligne à la socialisation générale et par conséquent à la suppression lente, mais sûre, de la propriété individuelle.

5° Les *Economistes* de toutes les nuances, les *Théolo-*

giens de toutes les écoles, les *Jurisconsultes* de tous les pays et de tous les âges reconnaissent non seulement l'absolue légitimité, mais encore l'absolue nécessité sociale de la propriété privée. Ils proclament juste et incontestable le droit de posséder en propre aussi bien le sol et ses richesses naturelles que les produits divers qui s'obtiennent par le travail. D'après eux, meubles et immeubles sont également susceptibles d'appropriation personnelle.

Ce droit de propriété privée a été explicitement affirmé par Dieu dans le VII° et le X° commandement, il a été de tout temps enseigné par l'Eglise et Léon XIII l'établit de la façon la plus magistrale dans son immortelle Encyclique: *De la condition des ouvriers.*

Tout en admettant comme absolument incontestable le droit de propriété *privée*, l'*Ecole sociale catholique* reconnaît non seulement la légitimité, mais encore la très grande utilité d'une certaine propriété *collective*. Elle voudrait voir revivre à côté de la propriété privée quelque chose de ces propriétés *communales* ou *corporatives* d'autrefois, propriétés qui, jusqu'à la Révolution, ont rendu de si grands services aux pauvres et aux ouvriers. Elles leur formaient un patrimoine inaliénable et les mettaient à l'abri de cette misère noire dont souffre trop souvent le prolétaire de notre siècle

Après avoir exposé les divers systèmes concernant le droit de propriété privée, il faut aborder la démonstration de ce droit et, pour l'établir, deux choses sont nécessaires : réfuter les arguments des adversaires et apporter les preuves positives sur lesquelles s'appuie notre thèse.

Comme la propriété *foncière privée* a été plus particulièrement en butte aux attaques du socialisme contemporain, c'est à mettre en relief sa parfaite légitimité que nous nous appliquerons surtout. Cette légitimité démontrée, la légitimité de toutes les autres formes de propriété privée ne saurait être sérieusement contestée ; les partisans de la propriété collective le reconnaissent volontiers.

II. Réfutation des arguments invoqués contre la propriété foncière privée. — Le droit de propriété foncière privée a été contesté au nom de l'*Histoire*, au nom de l'*Economie politique* et au nom du *Droit naturel.*

I. *Réfutation des objections tirées de l'Histoire.* — Le droit de propriété *foncière privée* est contesté au nom de l'Histoire par de Laveleye Dans son livre : *De la propriété et de ses formes primitives* (1), il s'efforce de démontrer que partout et chez tous les peuples on n'a connu d'abord que la propriété foncière *collective.* Plus tard seulement et petit à petit la propriété foncière *privée* se serait substituée à la propriété collective, elle se serait introduite souvent par ruse, par violence, ou par fraude et toujours au détriment des masses et contrairement au droit naturel. « C'est seulement par « une série de modifications successives et à une « époque relativement récente, que s'est constituée la « propriété individuelle, appliquée à la terre. Tant que « l'homme primitif vit de la chasse, de la pêche, de la « cueillette des fruits sauvages il ne songe pas à s'ap- « proprier la terre et il ne songe à considérer comme « siens, que les objets capturés ou façonnés par ses « mains.

« Sous le *régime pastoral*, la notion de la propriété « foncière commence à poindre, toutefois elle s'attache « uniquement à l'espace que les troupeaux de chaque « tribu parcourent habituellement et des querelles fré- « quentes éclatent au sujet des limites de ces pâtu- « rages. L'idée qu'un individu isolé pourrait réclamer « une partie du sol comme exclusivement à lui ne « vient encore à personne.

« Peu à peu une partie de la terre est momentané- « ment mise en culture et le *régime agricole* s'établit ; « mais le territoire que le clan ou la tribu occupe de- « meure sa propriété indivise. Plus tard, la terre culti- « vée est divisée en lots, répartis entre les familles par « la voie du sort ; l'usage temporaire est le seul attri- « bué à l'individu. Le fonds continue à rester la pro- « priété collective du clan auquel il fait retour de « temps en temps, pour qu'on puisse procéder à un « nouveau partage. Par un nouveau progrès de l'indi- « vidualisation les parts restent aux mains des familles « patriarcales occupant la même demeure et tra- « vaillant ensemble pour l'avantage de l'association. « Enfin apparaît la propriété individuelle et hérédi- « taire, mais elle est encore engagée dans les mille en- « traves des droits suzerains, des fidéicommis, etc. Ce

(1) Paris : chez Félix Alcan, éditeur.

« n'est qu'après une dernière évolution, parfois très « longue, qu'elle se constitue définitivement et arrive « à être ce droit absolu, souverain, personnel que défi« nit le Code civil et que seul nous comprenons au« jourd'hui (1). »

Comme on le voit, de Laveleye appuie tout son système sur la fameuse théorie de l'*évolution*, théorie séduisante, spécieuse, très à la mode, mais malheureusement basée sur des principes d'une valeur scientifique très contestable, et les affirmations qui précèdent, affirmations qu'on prétend basées sur l'Histoire, se trouvent formellement démenties par les témoignages les plus anciens et les plus dignes de foi. Il est incontestable que des évolutions se sont produites dans le courant des siècles ; l'humanité a passé par des phases multiples ; mais ces évolutions et ces phases n'ont été ni aussi profondes, ni aussi régulières, ni aussi tranchées, ni aussi universelles qu'une certaine école se plaît à le dire. Il n'est pas exact d'affirmer : que *tous* les hommes, à l'origine, furent *chasseurs* et menèrent dans les cavernes la vie sauvage, parcourant bois et montagnes à la poursuite de leurs semblables ou à la recherche du gibier ; se nourrissant uniquement du produit de leur chasse et de leur pêche et incapables, dans leur état de barbarie, d'autre propriété que celle de leur massue, de leur hache informe ou de leurs grossiers filets ; — qu'ils ne devinrent que plus tard *pasteurs*, se groupant alors seulement en tribus, vivant, sous la tente, du lait et de la chair de leurs troupeaux, allant sans cesse devant eux à la recherche de gras pâturages et dans cette existence nomade ne connaissant que la propriété mobilière, notamment celle des animaux domestiques ; — que ce ne fut qu'après de longs siècles qu'ils devinrent agriculteurs, abandonnèrent la vie errante, se fixèrent dans les endroits les plus fertiles, cultivèrent le sol et à la propriété privée mobilière joignirent la propriété foncière collective d'abord, privée ensuite.

On a beau rejeter le caractère divin de la Genèse, on ne peut refuser à ce livre qui remonte si haut, au moins par les documents dont il est formé, et qui contient sur les origines du monde des données si pré-

(1) De Laveleye. — *De la propriété et de ses formes primitives*, 4e édit., p. 3 et 4.

cieuses, une très grande autorité historique ; or, ses affirmations sont en opposition formelle avec les prétendues théories scientifiques de l'évolution. Elle nous montre les premiers hommes non pas exclusivement chasseurs et menant une vie errante et sauvage, mais s'occupant à la fois d'élevage, d'agriculture et même d'industrie. Tandis qu'Abel, fils d'Adam, s'occupe de troupeaux, Caïn, son frère, cultive la terre et construit une ville à laquelle il donne le nom d'Hénoch, un de ses enfants (1). Peu après vient Tubalcaïn, fils de Lameth qui « sut l'art de travailler avec le marteau et fut habile en toutes sortes d'ouvrages d'airain et de fer (2) ». Malgré l'incontestable compétence de l'auteur on ne saurait donc admettre sans réserve ce que dit Paul Leroy-Beaulieu dans son *Précis d'Economie politique* sur l'ordre historique des propriétés : « Dans l'évolution sociale les choses simplement mobilières, le fruit immédiat du travail, le gibier ou le poisson capturé, les fruits spontanés du sol forment les propriétés privées primitives ; bientôt s'y ajoutent les instruments de travail que chacun a faits, la flèche ou le filet, la hache ou la pioche ; puis les approvisionnements que quelques hommes d'élite constituent. Une propriété privée déjà plus perfectionnée c'est l'abri, la hutte, la tente ou le gourbi, cette demeure faite de bois et de boue. Vers le même temps les animaux domestiques ou domestiqués que l'intelligence de l'homme s'est assujettis et que ses soins entretiennent ou multiplient, forment la principale richesse individuelle. A un degré ultérieur de l'évolution sociale, chez les peuples sédentaires, dans les villages, l'instinct universel consacre la propriété privée de la maison et de l'enclos attenant, c'est sur ce coin de terre privilégiée que naît la culture soignée et intensive. Plus tard, la terre labourable tirée de l'état inculte par quelques hommes économes et entreprenants entre aussi dans le domaine de la propriété personnelle... (3) » Que les choses se soient passées ainsi à certaines époques et en certains endroits, c'est possible, probable même ; mais la thèse cesse d'être vraie quand on essaie de la rendre générale. Si on prenait à la lettre ces lignes du

(1) *Genèse*, ch. vv, 2, 17, 22.
(2) *Genèse*, ch. ix, 22.
(3) *Précis d'Economie politique*, p. 118.

célèbre économiste, il faudrait conclure que l'homme primitif a été partout *l'homme des cavernes*, être grossier, sauvage, isolé, se distinguant seulement des bêtes dont il mène la vie par un peu d'intelligence et beaucoup de férocité. Cette doctrine est en opposition non seulement avec les enseignements de la foi, sur les origines de l'homme et les traditions des anciens peuples, qui ont placé un âge d'or au début de l'humanité; mais encore avec les données de l'histoire qui viennent corroborer nos croyances religieuses et nous montrent, dès les âges les plus reculés, des peuples jouissant déjà d'une civilisation qui a bien peu à envier à la nôtre.

Les assertions de de Laveleye ne sont pas plus fondées lorsqu'il affirme que pendant de longs siècles les hommes n'ont connu que la propriété foncière collective. Evidemment la propriété foncière a, suivant les temps et les pays, passé par des *régimes* divers. On ne saurait contester que la propriété foncière *collective* n'ait existé presqu'exclusivement pendant de longs siècles chez certains peuples : elle existe même actuellement dans certaines régions : les *mirs* de Russie, les *dessas* de l'Inde ; mais *il est historiquement inexact de dire qu'elle a existé* SEULE PARTOUT PENDANT DES SIÈCLES ET DES SIÈCLES *et que ce n'est qu'à une époque relativement récente que la propriété foncière privée s'est insensiblement substituée à la propriété foncière collective.*

Pour reconnaître les formes primitives de la propriété il faut l'étudier chez les peuples historiques les plus anciens, chez ces peuples orientaux qui, placés au berceau même de l'humanité, peuvent, mieux qu'aucun autre, nous révéler ce qui se passa aux premiers âges du monde. On est donc en droit de s'étonner que de Laveleye qui décrit avec tant de détails les formes multiples qu'a revêtues la propriété foncière chez des nations d'origine relativement récente, par exemple chez les Romains, les Athéniens, les Russes, les Allemands, les Suisses, les Scandinaves, les Belges, les Ecossais, les peuples des Etats-Unis d'Amérique, du Japon, des Indes, etc., n'ait pas jugé à propos de se demander ce que fut cette même propriété foncière chez des peuples beaucoup plus anciens, comme les Juifs, les Egyptiens, les Assyriens et autres, dont les antiques coutumes non seulement sont curieuses à étudier, mais peuvent encore jeter un jour singulier sur la question qui nous occupe. Il eut trouvé dans l'histoire de ces peuples primitifs certaines données qui, probablement, l'eussent empêché d'être aussi affirmatif dans ses conclusions. *Chez tous ces peuples*, en effet, *la propriété foncière privée a existé dès les temps les plus reculés.*

1° Elle a existé chez les *Hébreux*, comme il est facile de s'en convaincre en parcourant le *Pentateuque*, cette œuvre historique une des plus anciennes certainement que nous possédions et une des plus dignes de foi que nous puissions imaginer, même en la considérant en dehors de toute inspiration. Après ce qui est dit au chapitre V du *Deutéronome* : « Vous ne désirerez point la femme de votre prochain, ni son champ, ni sa maison ». Et plus loin, au chapitre XXVII : « Maudit soit celui qui change les bornes de l'héritage de son prochain ». On ne saurait sérieusement soutenir que la propriété foncière privée n'existât pas chez les Juifs au temps de Moïse. Il n'est guère moins certain qu'elle existait à une époque bien antérieure, au temps d'Abraham. Nous lisons en effet au chapitre XXIII de la *Genèse* : « Sara ayant vécu cent vingt-sept ans, mourut « en la ville d'Arbé. Abraham la pleura et en fit deuil. « S'étant levé, arpès s'être acquitté des devoirs que l'on « remplit envers les morts, il vint parler aux enfants de « Heth et il leur dit : Je suis parmi vous comme un « étranger et un voyageur ; donnez-moi droit de sépul- « ture au milieu de vous afin que j'enterre la personne « qui m'est morte... si vous avez pour agréable que j'en- « terre la personne qui m'est morte, écoutez-moi et in- « tercédez pour moi envers Ephron, fils de Séor, afin « qu'il *me donne la caverne double qu'il a au fond de son* « *champ ;* qu'il me la cède devant vous pour le prix « qu'elle vaut et qu'ainsi elle soit à moi pour en faire « un sépulcre. Or, Ephron demeurait au milieu des « enfants de Heth et il répondit à Abraham devant « tous ceux qui s'assemblaient à la porte de la ville et « il lui dit... Mon Seigneur, écoutez-moi : La terre que « vous me demandez vaut quatre cents sicles d'argent. « C'est son prix entre vous et moi. Mais qu'est-ce que « cela ? Enterrez celle qui vous est morte... Ce qu'Abra- « ham ayant entendu, il fit peser en présence des en- « fants de Heth l'argent qu'Ephron lui avait demandé, « quatre cents sicles d'argent en bonne monnaie et « reçue de tout le monde. Ainsi le champ qui avait été « autrefois à Ephron, dans lequel il y avait une caverne

« double qui regarde Mambré fut livré à Abraham « avec tous les arbres qui étaient au-dessus et lui *fut « assuré comme un bien qui lui devint propre...* »

Il serait difficile de demander quelque chose de plus formel ; ce passage contient le témoignage le plus explicite en faveur de l'existence de la propriété foncière privée au temps d'Abraham, et Abraham vivait deux mille ans avant Jésus-Christ. Il faut avouer que pour *une institution très récente* comme Laveleye appelle la propriété foncière privée, c'est là un âge bien respectable.

Ce contrat de vente d'un champ, passé conformément à des usages qui semblent bien établis, est raconté comme une chose naturelle et courante ; on peut en conclure que des transactions de ce genre étaient fréquentes dans le milieu où vivait Abraham et que, par conséquent, dans le pays de Chanaan et dans la Chaldée la propriété foncière privée a existé depuis les temps les plus reculés.

2° Depuis les temps les plus reculés aussi, elle a existé chez les *Egyptiens* : nous en trouvons la preuve dans les livres de Moïse et dans de nombreux documents profanes. Nous lisons au XLVIIe chapitre de la Genèse : « Nous ne vous cacherons pas, Seigneur, — disent à Joseph les Egyptiens venus pour acheter du blé pendant la grande disette (1), — que l'argent nous ayant manqué d'abord, nous n'avons plus aussi de troupeaux et vous n'ignorez pas, qu'excepté nos corps et *nos terres*, nous n'avons rien. Pourquoi donc mourrions-nous à vos yeux ? Nous nous donnons à vous nous et *nos terres* : Achetez-nous pour être les esclaves du roi et donnez-nous de quoi semer, de peur que la terre ne soit réduite toute en friche si vous laissez périr ceux qui peuvent les cultiver. Ainsi Joseph *acheta toutes les terres de l'Egypte* ; chacun vendant tout ce qu'il possédait à cause de l'extrême famine et il acquit de cette sorte à Pharaon toute l'Egypte, avec tous les peuples depuis une extrémité du royaume

(1) Les Egyptiens pressés par la famine venaient de toute part à Joseph qui, pendant les années d'abondance, avait rempli les greniers royaux. D'abord ils payèrent le blé avec de l'argent ; quand l'argent fut épuisé ils donnèrent leurs troupeaux, et quand ils n'eurent plus autre chose, ils offrirent en échange du grain dont ils avaient besoin pour ne pas mourir de faim, leurs *personnes* et leurs *terres*.

jusqu'à l'autre, excepté les seules terres des prêtres qui leur avaient été données par le roi, car on leur fournissait une certaine quantité de blé des greniers publics ; c'est pourquoi ils ne furent pas obligés de vendre *leurs terres*. Après cela Joseph dit au peuple : Vous voyez que vous êtes à Pharaon vous et toutes *vos terres*. Je m'en vais donc vous donner de quoi semer et vous sèmerez vos champs, afin que vous puissiez recueillir des grains. Vous en donnerez la cinquième partie au Roi et je vous abandonnerai les quatre autres pour ensemencer les terres et pour nourrir vos familles et vos enfants... Depuis ce temps-là jusqu'à aujourd'hui on paie aux Rois dans toute l'Egypte la cinquième partie du revenu des terres, excepté la terre des prêtres qui est demeurée exempte de cette sujétion ».

Ce n'est donc pas de tout temps, comme paraît l'affirmer de Laveleye, qu'en Egypte la *terre* a appartenu aux Pharaons. Avant d'être leur propriété elle avait été la propriété de particuliers, qui, par un contrat régulier, s'en dessaisirent et la cédèrent à leur Roi en paiement du blé qu'il leur fit fournir (1). Jusqu'au temps de Joseph la prorpiété foncière privée était universellement répandue sur les bords du Nil, elle s'y répandit de nouveau plus tard, comme le démontrent de nombreux passages de Denys d'Halicarnasse et de Diodore de Sicile.

Les découvertes scientifiques sont venues confirmer les données de la Bible sur la forme de la propriété dans l'ancienne Egypte. L'archéologie et l'histoire pro-

(1) Ce sol acheté durant la famine avec du grain, les Pharaons le rendirent à titre de *fermage* à leurs sujets qui, comme redevance, payèrent dès lors au prince un cinquième de la récolte. C'est à ce fait historique qu'Hérodote fait certainement allusion lorsqu'il écrit : « Sésostris partagea le « sol de l'Egypte entre les habitants, assignant à chacun un « lot de terrain et obtenant son revenu principal de la « rente que les possesseurs étaient tenus de lui payer « chaque année ». — Mais peu à peu les rois, pour reconnaître les services de certains de leurs sujets, surtout des soldats, et leur témoigner leur affection les dispensèrent de payer la redevance pour les terres qu'ils possédaient, ou leur donnèrent d'autres terres exemptes de toute charge, et ainsi peu à peu se réconstitua en Egypte la propriété foncière privée. A l'époque de la conquête grecque les deux tiers du royaume appartenaient à des particuliers.

fane sont absolument d'accord avec la Genèse. On ne saurait conserver sur ce point le moindre doute après avoir lu les magistrales études de Birchs, de Maspero, de Lenormant et de tant d'autres égyptiologues d'une compétence incontestée.

Birchs a publié une tablette datant du règne de Senefru (Soris), le fondateur de la quatrième dynastie memphite. Dans ce document il est fait mention d'un certain Amten qui a reçu une partie *de ses terres en héritage* et tient l'autre de la générosité du Roi. Or, les savants font généralement commencer le règne de Senefru vers l'an 3000 avant Jésus-Christ. Birchs affirme sans hésitation que, dès cette époque, les nobles possédaient tous de grandes propriétés foncières qui se transmettaient par voie d'héritage. Ed. Mayer partage absolument cette opinion et parle, lui aussi, de paysans qui cultivaient *leurs propres terres*. Parmi tous les monuments anciens qui ont été découverts, pas un ne mentionne l'existence d'une propriété collective en Egypte, et si à une époque — pour des raisons tout à fait locales et particulières dont il a été question plus haut — la plus grande partie du sol s'est trouvée la propriété du souverain, on ne saurait légitimement en conclure que ce sol n'a pas été morcelé et possédé par des particuliers. L'histoire se basant sur des documents indiscutables est là pour établir le contraire.

3° L'histoire est là pareillement pour montrer que les *Babyloniens* et les *Assyriens*, dès les âges les plus lointains connurent et pratiquèrent la propriété foncière privée. Le British Museum possède une centaine de contrats d'origine babylonienne ; ils sont gravés sur des briques et passés entre particuliers. Ils traitent de la vente soit de terres, soit de maisons. Ils remontent au moins au XIIIe siècle avant notre ère et quelques orientalistes les font dater même du XVIIIe siècle. — Le Cabinet des Médailles, de Paris, conserve une pièce très curieuse et très ancienne, connue sous le nom de « pierre Michaux » et remontant, de l'avis des plus célèbres archéologues, à l'an 1000 avant Jésus-Christ. Les deux colonnes d'écriture cunéiforme qui la couvrent contiennent l'affirmation la plus explicite de l'existence de la propriété foncière privée (1). — M. J. Op-

(1) Cette fameuse pierre, de forme ovale, fut trouvée par Michaux sur les bords du Tigre près de la ville de Ktésiphon.

pert a publié dans le *Journal asiatique*, sous le titre de : *Tablettes juridiques de Babylone*, la traduction d'un très grand nombre de contrats de vente et de donation de provenance babylonienne et portant sur des aliénations d'immeubles. — Georges Smith, dont le témoignage fait autorité en tout ce qui touche l'assyriologie, déclare formellement qu'en « Assyrie il y avait la pro- « priété foncière qui, la plupart du temps, se trans- « mettait de père en fils (1) ». — Lenormant dit à propos des contrats de donation ou de vente publiés soit par Oppert, soit par Sayce, soit par d'autres orientalistes : « La plupart de ces contrats remontent aux « origines même du royaume des Chaldéens à l'époque « de Sin-Saïd. Ceux de date plus récente, sur lesquels « on peut lire le nom des trois Séleucides, remontent à « l'époque grecque. Nous avons par conséquent des « contrats de ce genre, de toutes les périodes de la ci- « vilisation chaldéenne, qui, d'ailleurs, a duré si long- « temps. Ils nous montrent les nombreuses garanties

Elle est ornée de nombreuses figures symboliques et partagée en deux colonnes d'écriture cunéiforme. La première donne des indications très précises sur l'étendue et la position d'un champ. « Le champ est situé aux environs de « la ville de Kar-Nabu, sur les bord du Mêchaldan et fait « partie de la propriété de Kiluamaudu. Il a trois stades de « long du côté de l'Est vers Bagdad ; trois stades du côté de « l'Ouest, à côté de la maison de Tunamissah ; il a une stade « et cinquante toises de large du côté Nord où il donne sur « la propriété de Kiluamandu et une stade de cinquante « toises au Sud sur la propriété de Kiluamandu. — Sirusur, « fils de Kiluamandu, *l'a donné pour toujours à sa fille*, Dur- « Sarginaiti, épouse de Tab-Asop-Marduk, qui a rédigé cet « écrit afin de perpétuer le souvenir de cette donation et de « graver sur cette pierre la volonté des grands dieux et « surtout du dieu Serah. »

La seconde colonne renferme les malédictions portées contre ceux qui reculeraient les bornes du champ, contre ceux qui *réclameraient cette propriété*, soit pour eux, soit pour leurs supérieurs ; contre ceux qui voudraient en déplacer les limites et en changer la forme ; « que Ninip, fils « de Zéuith, lui enlève ses *terrains*, ses *champs*, les *bornes* « *de ses propriétés*, que Bin, le grand gardien du Ciel et de la « terre, le fils du gerrier Anu inonde toutes ses terres. » Cf. Cathrein S. J., dont les savants articles sur la question de la propriété foncière, articles parus dans la docte revue « Stimmen aus Maria Laach », seront lus avec très grand fruit.

(1) *Ancient History from the monuments.*

« religieuses et civiles dont les Assyriens ont entouré « la propriété foncière. Les mutations ne pouvaient « s'opérer que dans des formes déterminées et sa- « crées ; elles devaient toujours être constatées par un « acte public rédigé par un officier civil et en présence « de plusieurs témoins. La somme qu'on déposait pour « garantir l'exécution du contrat était conservée dans « le trésor du temple dont le prêtre assistait à la con- « clusion du contrat même. Un cadastre, soigneuse- « ment rédigé, permettait de contrôler l'état de la « propriété et de fixer la base de la perception des « impôts (1) ».

Après tous les témoignages historiques qui viennent d'être apportés, on a le droit de trouver contestables les affirmations de de Laveleye ; on se demande comment il a pu soutenir que la propriété foncière est d'institution récente, alors qu'on la trouve dans les siècles les plus lointains, chez les premiers peuples dont l'histoire fasse mention. Les faits viennent démentir ses conclusions. il les eut certainement formulées d'une façon moins catégorique, s'il n'eut point, presque systématiquement, exclu de ses études ces nations anciennes plus à même qu'aucune autre de révéler ce que furent les formes primitives de la propriété foncière.

Et même en ce qui concerne des nations bien plus récentes, l'écrivain s'est beaucoup trop laissé influencer par le désir d'apporter à tout prix des arguments à une thèse qui lui est chère. Il a souvent donné à des faits isolés une importance exagérée, il a généralisé des cas particuliers, et l'on ne saurait souscrire, entre autres choses, à tout ce qu'il dit de la propriété foncière chez les *Grecs* et chez les *Romains*. Ses affirmations sont sur plusieurs points en opposition formelle avec les affirmations d'hommes d'une compétence incontestée sur ces matières.

M. Paul Guiraud, dans son magistral travail : *La propriété foncière en Grèce jusqu'à la conquête romaine* (2), conteste absolument que depuis les temps historiques la propriété foncière collective ait jamais

(1) Lenormant. — *Manuel d'Histoire ancienne*, t. II, pp. 141-142.

(2) Paris, Hachette, 1893, in-8 de 651 pages. Ouvrage très documenté, très critique, disant, à peu près certainement, le dernier mot sur la question.

existé en Grèce. Il a passé en revue et discuté l'une après l'autre les diverses raisons qui ont été apportées en faveur de la primitive communauté des terres chez les peuples grecs. La conclusion qu'il tire de l'enquête qu'il a faite et des recherches auxquelles il s'est livré est qu' « il n'y a aucun texte, dans toute la littérature « ancienne, qui, sainement interprété, confirme une « pareille thèse. »

M. Edouard Baudouin, dans une étude publiée dans la *Nouvelle Revue historique du droit français et étranger* (1), n'a pas hésité à affirmer que la propriété individuelle de la terre est aussi ancienne en *Italie* que Rome même. Le savant Fustel de Coulanges en avait précédemment apporté, dans la *Revue des questions historiques*, les preuves les plus péremptoires (2). Là encore il est permis de ne pas être de l'avis de M. de Laveleye sans se trouver en trop mauvaise compagnie et sans se mettre en opposition avec l'histoire.

On peut se séparer de lui, même en ce qui concerne les *mirs* (3) de Russie et les *dessas* de l'Inde. Outre que le *mir* est une institution toute récente, — il ne remonte pas au delà du XVIIe siècle, — son organisation n'exclut pas toute propriété foncière privée. Chaque famille, indépendamment des animaux domestiques et des instruments de travail, possède encore en propre la maison qu'elle habite et l'enclos qui l'entoure.

En résumé, on peut dire que le système de Laveleye pèche absolument par la base, puisqu'il repose sur la fameuse théorie de l'évolution, théorie démontrée scientifiquement fausse et insoutenable : on peut dire aussi que l'enquête historique à laquelle s'est livré l'auteur de *La propriété et de ses formes primitives*, n'a été faite ni d'une manière assez complète, ni surtout avec une in-

(1) Cette étude se compose d'une série d'articles intitulés : *La limitation des fonds de terre dans ses rapports avec le droit de propriété*. Les diverses parties de ce travail ont été réunies en un volume paru en 1894, chez Larose. Paris.

(2) *Revue des questions historiques*, XLV, p. 355. Consulter aussi du même auteur les *Recherches sur quelques problèmes d'histoire*, page 269 et suiv.

(3) On donne le nom de *mir* à des communautés de villages russes. Le village possède les terres avoisinantes. Tout homme venant à fonder une famille a droit, pour la cultiver temporairement, à une portion déterminée des biens du *mir*.

dépendance assez grande. — On peut dire enfin que même après l'exposé des faits, qu'il a pourtant si savamment groupés, et le développement des arguments qu'avec une incontestable habileté il a présentés dans leur jour le plus favorable, on n'est ni satisfait par ses raisons, ni convaincu par ses preuves. Rien ne demeure moins prouvé que sa fameuse proposition : « C'est un fait historique que primitivement et pendant longtemps aucun peuple n'a connu la propriété foncière privée ».

Nous avouons volontiers que certains Pères de l'Eglise, et même des plus illustres, ont paru croire à une communauté de biens primordiale, communauté qui, déclarent-ils, ne dura que peu de temps, qui peut-être même n'exista jamais, mais qui, d'après eux, était dans les desseins du Créateur. « La terre a été faite pour tous, disent-ils, c'est le commun héritage que les frères ont reçu du Père commun. Ils jouissent ensemble de l'air, du soleil, de la pluie, pourquoi ne jouiraient-ils pas ensemble du sol qui les porte et qui les nourrit ? Pourquoi la possession en est-elle audacieusement réclamée par un petit nombre ? Les anges se sont-ils partagé le ciel, pour que nous ayons à nous partager la terre ? Les oiseaux parcourent l'air comme leur domaine et jouissent ensemble du libre espace qui leur est donné. Les troupeaux pâturent sur les croupes d'une même montagne. Les chevaux sauvages galopent dans les mêmes plaines sans se les disputer. Et chacun prend, sans nuire à autrui, ce qui est nécessaire à son existence. Nous seuls nous mettons à part, nous cachons dans notre sein, ce qui est commun à tous ; un seul homme a le bien de plusieurs (1). » Mais ce langage ne doit pas être pris à la lettre, il ne faut pas y voir une condamnation positive, dogmatique de la propriété ; elle ne pouvait être dans l'intention des Pères. Mieux que personne ils savaient que sur le Sinaï il a été dit : *Tu ne déroberas point* et que, par ces paroles, il a été reconnu d'en Haut qu'il existe entre les hommes une répartition des biens légitime, inviolable, quoique forcément inégale. Emus par tout ce qu'ils voyaient

(1) Voir : Saint Basile, Homil. *In tempore famis*, 8. — Saint Ambroise, *In Lucam*, VII, *cap. ultim.*; *In II ad Corinth.* IX, 7. — Saint Grégoire de Nysse, *De Pauperibus amandis.* — Saint Cyrien, *De opere et Eleemosyna.*

autour d'eux d'abus, d'égoïsme, de dureté, de misères, ils ont écouté encore plus le mouvement de leur cœur que la calme et rigoureuse appréciation de leur esprit. Ils ont parlé en orateurs pleins de compassion pour l'infortune délaissée plus qu'en théologiens préoccupés de l'exactitude de la doctrine.

Attristés des souffrances de leur temps, ils ont aimé à en détourner la vue et de même que la foi leur enseignait un avenir plus beau leur imagination leur a fait rêver un passé moins sombre (1). Ils ont voulu croire à cette communauté fraternelle du genre humain, comme à un fait qui se serait réalisé dans la vie de l'Eden, dans celle des patriarches, au début de l'existence des nations, au delà de l'histoire, nous ne savons quand. Le rêve de cette égalité primitive a flatté, séduit et consolé ces belles âmes. Mais quand la question rigoureuse du droit de propriété s'est posée devant eux, ils n'ont jamais hésité à reconnaître sa légitimité. Ils rappellent souvent au riche la communauté primordiale pour qu'il secoure le pauvre ; mais ils ne la rappellent jamais au pauvre pour qu'il dépouille le riche, jamais au prince pour qu'il prenne à l'un afin de venir au secours de l'autre. Ils ont tenu la propriété pour légitime, car ils n'ont jamais dit ni permis de dire que le renoncement à la propriété fut un devoir pour tous les chrétiens. Et saint Basile, le plus monastique d'entre ces saints évêques, déclare que si le moine renonce aux richesses, ce n'est pas que les richesses soient en elles-mêmes mauvaises. Ils défendent le bien du pauvre contre le riche qui veut l'envahir, mais ils défendent aussi le bien du riche contre le prince qui cherche à s'en emparer. Saint Jean Chrysostome fait fermer la porte de l'Eglise à l'impératrice Eudoxie qui

(1) Si l'homme n'eut point péché peut-être la terre d'Eden, le monde dans sa primitive magnificence eut-il été le commun patrimoine des enfants d'Adam, au sein de ce « paradis de volupté », au milieu de ces « arbres beaux à la vue et agréables au goût », les fruits donnés spontanément ou obtenus par un travail toujours facile et agréable auraient pu facilement être mis en commun. On eût aisément partagé le produit d'un labeur qu'on se fût imposé sans effort. Mais nous n'avons pas à raisonner sur un état de choses qui n'a jamais existé, il faut se placer sur le terrain des réalités, prendre des hommes déchus et une terre qui, d'elle-même, ne produit que des ronces et des épines.

a usurpé la vigne d'une veuve opulente. Et Naboth, ce martyr du droit de propriété, est loué par saint Ambroise comme un saint qui, faible et pauvre, a résisté à la puissance des rois. — Après cela on ne saurait sérieusement, s'appuyant sur des textes qui ont besoin d'être expliqués, soutenir que les Pères ont considéré la propriété privée comme illégitime et qu'ils ont préconisé le retour à un prétendu communisme primordial.

2° *Réfutation des objections contre la propriété privée tirée de l'Economie politique et du Droit naturel.* — Pendant que de Laveleye attaque la légitimité de la propriété privée en s'appuyant sur l'*Histoire*, Henry George la combat au nom du *Droit naturel* et de l'*Economie politique*.

Au nom du *Droit naturel* il formule deux objections. La propriété foncière privée est injuste : — *a*) d'abord parce que la terre a été donnée à l'humanité comme patrimoine commun. S'en approprier une partie, même infime, c'est aller contre l'ordre voulu par le Créateur et commettre un véritable vol au préjudice du genre humain : — *b*) ensuite parce que Dieu a accordé à tous les hommes un droit égal de vivre et qu'exclure quelqu'un de la possession du sol c'est anéantir son droit de vivre, en le mettant dans l'impossibilité de se procurer normalement ce qui est nécessaire à l'existence. La terre, en effet, est l'unique nourricière de l'humanité ; c'est d'elle que se tire tout ce qui sert à conserver la vie, à elle donc tous les hommes ont droit comme ils ont droit à la conservation de la vie. « Ce « monde est la création de Dieu. Les hommes sont « tous, au même titre, les créatures de sa bonté ; au « même degré, les objets de son soin providentiel. Par « l'effet de sa constitution, l'homme est dans la dépen- « dance de besoins physiques dont la satisfaction est « la condition indispensable, non seulement de la vie « physique, mais aussi du développement de sa vie in- « tellectuelle et morale. Dieu a voulu que la satisfac- « tion de ces besoins dépendît des propres efforts de « l'homme et lui a donné le pouvoir du travail en « même temps qu'il lui en imposait l'obligation. Mais « de même qu'on ne saurait imposer à l'homme la tâ- « che de cuire des briques sans lui fournir du feu, Dieu « n'a pas pu imposer à l'homme le devoir de travailler « sans lui donner une matière pour exercer son activité.

« Cette matière c'est la terre. L'homme est physiquement un animal terrestre qui ne peut vivre que sur « la terre et de la terre et ne peut utiliser les autres « éléments, comme l'air, la chaleur du soleil, l'eau « qu'en usant de la terre.

« Tous les hommes étant créatures du bon Dieu, « tous ayant le même droit, du fait de la Providence, « à vivre leur vie et à satisfaire leurs besoins, ont tous « le même droit à user de la terre et tout arrangement « empêchant cet usage de la terre, pour tous est mauvais au point de vue de la morale et opposé aux desseins de la Providence...... »

« Caïn et Abel, seuls sur la terre, peuvent convenir « de se la partager entre eux deux. Par cette convention, chacun peut, à l'encontre de l'autre, revendiquer « un droit exclusif sur sa part. Mais ni l'un ni l'autre « ne peuvent légitimement maintenir une pareille prétention du moment où un nouvel homme est né. Car « puisque personne ne vient au monde sans la permission de Dieu, dès que quelqu'un arrive à la vie il y « arrive avec un droit égal à celui des autres hommes, « d'user des dons de la bonté de Dieu. Lui refuser « l'usage de la terre ce serait commettre un *véritable meurtre*...... »

« Il reste vrai : que tous nous sommes des animaux « terrestres et que nous ne pouvons vivre que sur la « terre et de la terre, que la terre est un don de Dieu « à *tous* et que personne ne peut en être privé sans « être privé du même coup de la vie et que personne « ne peut être contraint d'acheter d'un autre le droit « d'en jouir sans être victime d'un *vol* (1). »

Au nom de l'*Economie politique* Henry George formule contre la légitimité de la propriété foncière privée des critiques qui seraient très graves si elles étaient fondées. Il reproche à cette propriété d'être sinon la cause unique au moins la cause principale, — soit par elle-même, soit par les spéculations auxquelles elle donne lieu, — des intolérables inégalités qui existent parmi les hommes et produisent le malaise profond dont souffre le corps social. L'injuste concentration de la fortune entre les mains de quelques-uns au détriment des individus pauvres dont le nombre augmente

(1) HENRY GEORGE. — *La condition des ouvriers*, lettre ouverte au pape Léon XIII. *Passim* dans le Ier chapitre.

chaque jour est avant tout le résultat du monopole du sol que détiennent des propriétaires de moins en moins nombreux; « car la terre est nécessaire à l'exercice du « travail dans la production de la richesse. Etre maî- « tre de la terre c'est être maître de tous les fruits du « travail, à la seule exception de ceux dont le travail a « absolument besoin pour continuer à se produire (1) ». Le seul moyen d'extirper le paupérisme moderne qui va sans cesse croissant, c'est la suppression totale de la propriété foncière privée. « Pour supprimer la pau- « vreté, pour faire que les salaires soient ce que la « justice demande, c'est-à-dire le gain complet du tra- « vailleur, il faut donc substituer à la propriété indi- « viduelle de la terre la propriété commune. Aucun « autre remède n'atteindra la limite du mal, aucun « autre ne peut donner un sérieux espoir. Celui-là, au « contraire, est simple, mais souverain (2). »

Ces diverses assertions du célèbre socialiste américain sont loin de reposer sur des bases inébranlables. Les preuves économico-morales qu'il invoque ne sont pas plus rigoureusement concluantes contre la légitimité de la propriété foncière privée que les allégations historiques de de Laveleye. En effet :

1° *Il est inexact que Dieu ait donné au genre humain la terre comme un patrimoine qui aurait dû, dans ses desseins, rester toujours commun et indivis.* On peut bien admettre, comme le fait d'ailleurs saint Thomas (3), que Dieu a donné la terre au genre humain comme un *patrimoine commun*, mais il importe de préciser le sens de ce terme. La terre est patrimoine commun non pas parce que, dans les vues du Créateur, les hommes doivent en jouir toujours collectivement et ne se la partager jamais, — il sera démontré plus loin que la division du sol et son appropriation privée font partie du plan de la Providence ; — mais parce qu'elle est destinée, dans l'ordre divin, à produire ce qui est né-

(1) HENRY GEORGE. — *Progress and Poverty*, p. 281.

(2) HENRY GEORGE. — *Progress and Poverty*, p. 313.

(3) « Communitas rerum attribuitur juri naturali non quia jus naturale dictat omnia esse possidenda communiter et nihil esse quasi proprium possidendum ; sed quia secundum jus naturale non est distinctio possessionum... Unde proprietas possessionum non est contra jus naturale, sed juri naturali superadditum per adinventionem rationis humanæ. S. TH. *Somme* th. IIa 2æ, q. LXVI, art. 2.

cessaire pour subvenir aux besoins de *tous*. On peut dire encore qu'elle a été donnée par Dieu en patrimoine commun parce que Dieu s'est contenté de l'abandonner au genre humain sans assigner lui-même telle ou telle partie à celui-ci ou à celui-là.

« Qu'on n'oppose pas, dit Léon XIII, à la légitimité « de la propriété privée le fait que Dieu a donné la « terre en jouissance au genre humain tout entier ; car « Dieu ne l'a pas livrée aux hommes pour qu'ils la do« minassent confusément. Tel n'est pas le sens de cette « vérité. Elle signifie uniquement que Dieu n'a assigné « de part à aucun homme en particulier, mais a voulu « abandonner la délimitation des propriétés à l'in« dustrie humaine et aux institutions des peuples (1) ». D'ailleurs, si Dieu avait donné la terre avec la volonté qu'elle restât indivise, il s'en suivrait évidemment que les *nations* n'ont pas plus que les individus le droit de s'en approprier une partie ; la propriété collective serait aussi illégitime que la propriété privée. Seul serait juste le régime du : « tout à tous et rien à personne » ; ce que n'admet pas Henry George. Ainsi tombe la première objection formulée par lui au nom du droit naturel ;

2° La seconde n'est guère mieux fondée en raison, car *il est inexact aussi que le droit à la vie que possède incontestablement tout homme ne puisse pas normalement s'exercer en dehors de la propriété foncière collective.* L'homme pour vivre a certainement besoin de pain, mais pour avoir du pain il n'est pas nécessaire de posséder le sol qui le produit. C'est bien de la terre que doit sortir la nourriture de tous, mais pour que tous aient leur part de nourriture, il n'est pas besoin que tous aient des droits égaux à la terre. On peut se procurer par le travail ou le commerce ce qui est nécessaire à la vie et rien n'exige que tous les hommes possèdent les mêmes moyens d'existence, bien que tous les hommes aient le même droit d'exister. « Quoique « divisée en propriétés privées, dit encore Léon XIII, « la terre ne laisse pas de servir à la commune utilité « de tous, attendu qu'il n'est personne parmi les mor« tels qui ne se nourrisse du produit des champs. Qui « en manque y supplée par le travail, de telle sorte que « l'on peut affirmer que *le travail est le moyen universel*

(1) Encyclique : *Rerum novarum.*

« *de pourvoir* aux besoins de la vie, soit qu'on l'exerce « dans un fonds propre ou dans quelqu'art lucratif, « dont la rémunération ne se tire que des produits « multiples de la terre, avec lesquels elle est convertissable (1) ». Et, de fait, de tout temps un grand nombre d'hommes ont vécu qui n'avaient aucune part à la possession du sol et autour de nous, à l'heure actuelle, combien qui ne manquent de rien de ce qui est nécessaire à une honnête subsistance et qui ne sont pas propriétaires du plus petit arpent de terre? Bien plus, l'expérience est là pour montrer que ce ne sont pas les détenteurs du sol qui jouissent de la plus grande aisance et s'accordent l'existence la plus confortable. Les ouvriers de nos villes se traitent souvent bien mieux que les petits propriétaires fonciers de nos campagnes. Ce n'est pas généralement celui qui les a fait pousser qui consomme les meilleurs produits arrachés à la terre. Il se contente, la plupart du temps, de ce qu'il y a de plus ordinaire et demande à la vente du reste, de quoi faire face aux charges nombreuses de son exploitation;

3° L'objection tirée par Henry George de l'*Economie politique* n'est pas plus forte que les précédentes : *il est inexact, en effet, que l'unique et même la principale cause des inégalités sociales soit la propriété foncière privée.* George part d'un principe plus que contestable, il fait reposer son système sur la fameuse théorie de la rente du sol exposée par Ricardo et sur le dogme tant préconisé des Physiocrates, que *la terre seule est source de toute richesse.* Cette doctrine, qu'il exagère encore, a été, de la part des Economistes, l'objet des critiques les plus justifiées et bien peu nombreux sont ceux qui consentent à l'admettre même mitigée. Tous les raisonnements d'Henry George, malgré leur apparence scientifique, viennent échouer devant les faits. Il n'est pas besoin de prendre ses arguments et de les discuter, il suffit de considérer ce qui se passe autour de nous. L'expérience quotidienne montre que les fortunes colossales, que les fortunes faites avec une scandaleuse rapidité se trouvent bien moins parmi les propriétaires fonciers que parmi les industriels, les commerçants et surtout les financiers. Avec Léon XIII on doit admettre que « l'affluence de la richesse dans les mains du petit

(1) Encyclique : *Rerum novarum*.

« nombre à côté de l'indigence de la multitude (1) » est une des principales causes de l'inquiétant malaise dont souffre le corps social ; mais cette situation si profondément regrettable ce n'est pas l'appropriation du sol qui l'a produite. Elle est surtout le résultat « d'une « usure vorace et d'une spéculation effrénée, pratiquées « par des hommes avides de gain et travaillés d'une « insatiable cupidité (2) ». Ce n'est point l'agriculture, mais le négoce, mais l'agiotage plus encore que tout le reste, qu'il faut rendre responsable de ces inégalités de fortune qui ont créé l'antagonisme des classes. De toute part on déserte les campagnes, les champs peuvent à peine faire vivre leurs propriétaires, partout l'on se plaint de la crise agricole et l'on demande à grands cris le dégrèvement de la propriété foncière. On ne voit pas bien comment ceux qui, actuellement, avec beaucoup de travail et de privations, ne font que très difficilement face aux charges qui les accablent, pourraient encore payer à l'Etat, dont ils ne seraient que les fermiers, cette redevance annuelle tant préconisée par George Henry et César de Pæpe, redevance qui remplacerait tous les autres impôts, rétablirait la justice depuis longtemps violée et ramènerait l'âge d'or sur la terre. Cet âge d'or pourrait bien faire regretter notre siècle de fer.

Quant aux abus de la propriété foncière privée, sur lesquels George insiste avec tant de complaisance, ils sont loin d'être aussi nombreux et aussi graves qu'il le dit. Mais lui accorderait-on qu'ils sont aussi considérables et aussi criants qu'il le prétend, que s'en suivrait-il ? Il s'en suivrait seulement que l'on doit s'appliquer à les supprimer et non point qu'il faille condamner irrévocablement l'institution à l'occasion de laquelle ils se sont introduits. On laisserait subsister bien peu de choses si on voulait détruire tout ce qui peut prêter à des inconvénients même notables. Ici, comme ailleurs, les *abus* ne sont pas inséparables de l'*usage*, on peut conserver celui-ci et supprimer ceux-là. Et les reproches que l'on adresse au prétendu monopole du sol s'appliquerait bien mieux « au monopole, « — trop réel celui-là — du travail et des effets de « commerce devenus le partage d'un petit nombre de

(1) Encyclique : *Rerum novarum.*
(2) Encyclique : *Rerum novarum.*

« riches et d'opulents qui imposent ainsi un joug pres-
« que servile à l'infinie multitude des prolétaires (1) ».

Il ressort de ce qui précède, que le droit de propriété privée, même foncière, est incontestable. Il n'est pas plus ébranlé par les attaques de George Henry, que par les affirmations de de Laveleye; on pourrait donc s'arrêter là et le considérer comme suffisamment établi, mais pour que sa parfaite légitimité apparaisse mieux encore nous allons rapidement exposer les principaux *arguments positifs* que l'on peut invoquer en sa faveur.

III. Arguments positifs en faveur du droit de propriété privée, surtout du droit de propriété privée foncière. — Ces arguments sont très nombreux, les exposer tous serait trop long, il suffira sur ce point fondamental de reproduire l'enseignement de saint Thomas et de résumer les raisons si magistralement développées par Léon XIII dans son Encyclique : De la *Condition des ouvriers.*

Saint Thomas indique trois motifs pour lesquels il fallait que la terre ne demeurât pas bien commun. L'appropriation privée était nécessaire afin que la *paix* régnât parmi les hommes; qu'un *bon ordre* convenable existât dans l'administration des biens et l'exploitation du sol; que des *récoltes abondantes* puissent être obtenues de la terre. Chacun, en effet, donne plus de soin à l'administration de sa propre chose qu'il n'en donnerait à l'administration de la chose commune; — chacun s'occupant de sa chose, il s'établit plus d'ordre dans la société que si chacun s'occupait indistinctement de tout; enfin la paix est moins troublée, parce que chacun se contente de ce qu'il a, et on évite les dissensions que font naître ordinairement les possessions indivises (2).

(1) Encyclique : *Rerum novarum.*

(2) « Quod homo propria possideat est necessarium ad hu-
« manam vitam propter tria : 1° Quia magis sollicitus est
« unusquisque ad procurandum aliquid, quod sibi soli com-
« petit, quam id quod est commune omnium; quia unus-
« quisque laborem fugiens, relinquit alteri, id quod pertinet
« ad commune, sicut accidit in multitudine ministrorum;
« — 2° quia ordinatius res humanæ tractantur si singulis
« immineat propria cura alicujus rei procurandæ; esset au-
« tem confusio si quilibet indistincte quælibet procuraret;
« — 3° quia per hoc magis pacificus status hominum con-

1° *La propriété foncière privée est nécessaire pour maintenir la paix entre les hommes.* — Le sol n'est pas partout également fertile et partant également aisé à travailler, si la terre était indivise, il n'est pas douteux que chacun ne voulut jouir de ce qu'il y a ou de plus commode ou de plus productif. Ce seraient d'incessantes contestations et d'interminables querelles. L'expérience est là pour le montrer. Il est très rare que même deux frères puissent s'entendre pour exploiter en commun l'héritage paternel et c'est parce que l'indivision donne à peu près toujours lieu à de graves difficultés que la loi a prescrit le partage à l'ouverture de toute succession. Les procès sont innombrables qui surgissent chaque jour à propos de mitoyennetés, de copropriétés, et autres choses semblables, et comment veut-on que si les membres d'une même famille sont incapables de vivre longtemps en paix quand il s'agit de faire valoir en commun quelques lopins de terre, que si les locataires d'une même maison se brouillent, alors pourtant qu'ils n'ont qu'à se partager l'usage d'une cour, d'un jardin ou d'un palier, que si les habitants d'un même village se mettent en guerre et entrent en procès les uns contre les autres à propos des eaux d'une petite fontaine commune ; comment veut-on que tous les habitants d'un même pays, — alors que des caractères si différents et des intérêts si opposés se trouvent en présence, — puissent arriver à s'entendre dans la jouissance en commun de la totalité du sol ? Que de brigues, que de favoritisme, que de jalousies et partant que de rancunes et de difficultés ! La vie ne serait pas possible, il n'y aurait sur la terre que tiraillements, discussions guerres et procès ; toutes choses qui, sans être absolument supprimées, se trouvent cependant singulièrement atténuées avec le régime de la propriété privée.

2° *La propriété foncière privée est nécessaire pour assurer une bonne administration des biens et une sage régularisation dans la production.* — Avec la division du sol chaque propriétaire peut s'occuper facilement et en détail de ce qui le concerne, tout organiser au mieux

« servatur, dum unusquisque re sua contentus est ; unde « videmus quod inter eos qui communiter et ex indiviso « aliquid possident frequentius jurgia oriuntur. » (*Somme théol.*, IIª, 2æ ; q. LXVI ; art. 2.)

de ses intérêts et de ceux de la collectivité, combiner ses cultures de façon à satisfaire ses goûts, utiliser ses aptitudes et tirer de la terre le meilleur parti possible. Sachant que cette terre est à lui, il en prend un soin plus grand; sûr qu'elle lui restera, il ne recule pas devant des améliorations coûteuses et ne craint pas de l'employer à des cultures qui demandent plusieurs années pour produire des résultats rémunérateurs : la connaissant bien, il lui demande les récoltes qu'elle est le plus apte à produire.

La propriété foncière *collective* entraînerait presque nécessairement l'instabilité de la possession du sol ; mais si la possession est instable chacun se préoccupera uniquement de faire rapporter à la terre ce qui demande le moins de travail ou est d'une nécessité plus immédiate et l'on aura ainsi abondance de certains produits, tandis qu'il y aura disette complète de certains autres qui exigeraient ou plus de temps ou plus de soin. Cette disette ne peut exister qu'au détriment du bien être général. Avec la propriété privée rien de cela n'est à redouter. Soucieux de ses intérêts, libre dans le choix des moyens, exempt de toute crainte de dépossession même éloignée, le propriétaire peut s'organiser à sa guise. Ayant bénéfice à produire ce qui est d'un écoulement plus facile, dans la mesure de ses ressources, il s'appliquera de préférence à cultiver ce qui abonde le moins sur le marché et a par conséquent plus de chances d'être demandé. Pour retirer de son travail le prix le plus rémunérateur, il devra tenir un grand compte des besoins de la consommation ; c'est sur eux qu'il devra se baser pour régler ses récoltes et dans ces conditions l'on n'a pas à redouter ni les disettes, ni les surproductions regrettables dont nous venons de parler.

Qu'on ne dise pas qu'avec le régime de la propriété collective l'Etat pourrait, à la rigueur, intervenir et user de son autorité pour fixer, dans l'intérêt général, la nature et la quantité des récoltes que chaque région, sinon chaque individu, devrait produire. Une sage réglementation de choses aussi délicates et aussi complexes n'est pas possible. Voit-on la France placée sous un pareil régime? Le pouvoir central transmettrait à chaque département l'ordre d'avoir à fournir à la consommation tant de blé, tant de vin, tant d'huile, tant de moutons, tant de chevaux, etc. etc. ; le département à son tour transmettrait des ordres semblables aux communes et les communes aux individus. Indépendamment de l'impossibilité absolue où l'on serait de trouver des hommes capables de régler, de façon à assurer le plus grand bien de tous, la production de tout un pays, ce serait supprimer toute initiative, contrarier les goûts les plus respectables, stériliser les aptitudes précieuses, ouvrir la porte aux vexations, donner lieu aux inconvénients les plus graves et les plus variés, en un mot, rendre inacceptable la situation déjà si peu satisfaisante, du travailleur de la terre.

3° *La propriété foncière privée est nécessaire pour fai produire au sol tout ce qu'il peut donner.* — « La terre « dit Léon XIII, fournit sans doute à l'homme avec « abondance les choses nécessaires à la conservation « de sa vie, mais elle ne le pourrait d'elle-même sans « la culture et les soins de l'homme (1). » Ces soins assidus et cette culture attentive l'homme ne les donnera que tout autant que le sol lui appartiendra S'il n'en a que la jouissance passagère il se bornera à en tirer une récolte, sans se préoccuper d'améliorer le fonds par son industrie ou de le féconder par son labeur. Sachant qu'il ne travaille pas pour lui, il refusera de s'imposer des efforts et des sacrifices dont d'autres bénéficieraient. Sur ce point-là encore une intervention de l'Etat ne saurait se produire d'une manière utile, elle n'aurait aucune efficacité. « Quand la terre est sans propriétaire, qui voudrait la cultiver avec soin ? lui consacrer ses sueurs et ses épargnes ? Quelques travaux passagers, les seuls qu'on ose faire quand on n'est pas sûr d'en recueillir les fruits, ajoutent peu aux productions spontanées et sauvages. Dès que la propriété territoriale est établie, une ère nouvelle commence, les produits se multiplient, la population s'accroît avec eux. Dans cet état nouveau de la société il se fait une grande division de travail entre les hommes qui tirent du sol les denrées, les matières premières et ceux qui s'adonnent aux arts nécessaires pour mettre en œuvre les richesses. Les deux classes également laborieuses voient leur bien-être résulter de l'activité de leurs travaux et de leurs échanges (2). » C'est un fait d'observation universelle que les régions,

(1) Encyclique : *Rerum novarum.*
(2) DROZ. — *Traité d'Economie politique.*

où la propriété foncière privée n'existe pas, présentent une agriculture rudimentaire et inféconde. La terre donnant, en moins grande abondance, ce qui est nécessaire à l'humanité pour se nourrir, s'entretenir, travailler et vivre, la société tout entière a à en souffrir. L'on peut donc dire que la propriété privée du sol est profitable même à ceux qui ne possèdent pas la plus petite parcelle de terre. « L'homme est ainsi fait que « la pensée de travailler sur un fonds qui est à lui re« double son ardeur et son application. Il en vient « même jusqu'à mettre tout son cœur dans une terre « qu'il a cultivée lui-même, qui lui promet, à lui et « aux siens, non seulement le strict nécessaire, mais « encore une certaine aisance. Et il n'est personne qui « ne voie sans peine les heureux effets de ce redouble« ment d'activité sur la fécondité de la terre et sur la « richesse des nations (1). »

Pour être juste, il faut convenir que le système de *fermage perpétuel* imaginé par Henry George obvie à une grande partie des inconvénients qui viennent d'être signalés comme inséparables de la propriété collective. George laisse « la terre *possession* privée des « individus avec pleine liberté pour eux de la donner, « de la vendre ou de la léguer » ; mais la *propriété* de cette terre appartient à l'Etat seul, dont les détenteurs du sol ne seraient que les fermiers à perpétuité. On aurait partout, — avec quelques évictions peut-être en moins, — ce qui existe actuellement en Irlande, un peuple entier travaillant des champs qui ne lui appartiennent pas. Seulement, au lieu de payer le fermage à un landlord, les tenanciers le paieraient à l'Etat, ce qui n'améliorerait guère l'institution. L'expérience qui dure depuis plusieurs siècles dans la malheureuse Irlande n'est pas de nature à engager à essayer du système. Ce système n'a qu'un tort, mais ce tort est grave, il n'est pas pratique. L'agriculture déjà si éprouvée n'est pas capable, même pour empêcher que les théories physiocratiques soient trouvées en défaut, de supporter les charges écrasantes qu'Henry George voudrait ajouter aux charges si lourdes qui pèsent actuellement sur elle. Les lui imposer, ce serait lui donner le coup de mort ; donc le régime « de fermage perpétuel », tout séduisant qu'il est par plu-

(1) Encyclique : *Rerum novarum*.

sieurs côtés, ne peut être accepté; il est inapplicable.

A ces raisons empruntées à saint Thomas on peut en ajouter plusieurs autres. Elles sont d'un ordre différent; mais ont, elles aussi, une grande valeur. Nous les puisons pour la plupart dans l'Encyclique : *Rerum novarum.*

1° *La propriété privée est nécessaire pour que le salaire ait toute sa valeur.* Avec le système de la propriété privée, tel qu'il existe actuellement, le salaire offre à l'ouvrier une double utilité. Il peut, au gré de celui qui l'a gagné, être entièrement consommé sous forme de nourriture, d'entretien, d'amusement ; ou bien être échangé contre une propriété stable, productive de revenu, par exemple contre un champ, une maison, une machine, un titre de rente. Cette seconde utilité est d'une importance capitale parce que, dans un Etat social bien constitué, elle donne à l'ouvrier le moyen non seulement de conserver plus facilement son salaire, mais d'augmenter ce qu'il tire de son travail en y ajoutant le revenu des propriétés achetées à l'aide des épargnes précédentes. Elle lui permet d'améliorer sa condition, d'élever ses enfants et de s'assurer à lui-même des ressources pour les jours mauvais. « Quiconque, dit Léon XIII, exerce un art lucratif a pour but « immédiat de conquérir un bien qu'il possédera en « propre comme lui appartenant ; car s'il met à la dis- « position d'autrui ses forces et son industrie, ce n'est « pas évidemment pour un motif autre, sinon pour ob- « tenir de quoi pourvoir à son entretien et aux besoins « de la vie et il attend de son travail *non seulement le « droit au salaire, mais encore un droit strict et rigoureux « d'en user comme bon lui semblera.* Si donc en réduisant « ses dépenses il est arrivé à faire quelques épargnes « et si, pour s'en assurer la conservation, il les a, par « exemple, réalisées dans un champ, il est de toute « évidence que ce champ n'est autre chose que le sa- « laire transformé (1) ». Ne pas permettre aux ouvriers de faire cet usage de leur salaire, vouloir les obliger, comme le font les *Collectivistes*, à l'employer tout entier à subvenir à leurs besoins présents ou à satisfaire leurs plaisirs, c'est enlever au salaire la plus grande partie de son prix et à ceux qui l'ont gagné la récompense la plus précieuse de leurs efforts ; c'est « rendre la situa-

(1) Encyclique : *Rerum novarum.*

« tion des ouvriers plus précaire en leur retirant la « libre disposition de leur gain et en leur enlevant « tout espoir et toute possibilité d'agrandir leur pa- « trimoine et d'améliorer leur situation (1) ».

La preuve que les travailleurs tiennent à cette utilité du salaire, c'est qu'un très grand nombre d'entre eux la mettent à profit. N'est-ce pas précisément dans la faculté que possède l'ouvrier de pouvoir transformer son salaire en propriété mobilière ou immobilière qu'ont pris naissance presque toutes les fortunes qui existent aujourd'hui ? Nous avons en France sept ou huit millions de petits propriétaires, ils ne le sont devenus que parce qu'ils ont transformé une partie de leur salaire en biens productifs de revenus. En ne laissant à l'ouvrier d'autre résultat de son travail que le moyen de se nourrir et de s'amuser au jour le jour, on lui enlève l'avantage qu'il estime le plus et on le jette fatalement dans la paresse et l'intempérance.

2° *La propriété privée — foncière ou non — est pour l'immense majorité des hommes le seul stimulant réellement efficace au travail et à la sobriété.* Le travail est un devoir rigoureux pour tous les hommes, nul n'a le droit de s'y soustraire ; mais comme tout travail suppose un effort et va contre les tendances paresseuses de notre nature, le plus grand nombre se dispenseraient d'obéir à cette loi universelle s'ils n'avaient pour les stimuler que la pensée abstraite d'un devoir à remplir. Ils ont besoin d'être poussés par la nécessité de subvenir aux exigences de la vie et aussi par le désir de créer ou d'augmenter un patrimoine Il faut que l'intérêt vienne en aide à la conscience. Le but que poursuit l'ouvrier en travaillant n'est pas seulement de gagner son pain de chaque jour, mais encore d'arriver à la possession d'un peu de terre, d'une petite maison, d'une modeste aisance qui lui assurera une situation moins précaire et lui permettra d'élever convenablement ses enfants. Lui ôter la possibilité de parvenir à cette possession c'est lui enlever ce qui lui donnait le courage de se condamner à un labeur opiniâtre et l'énergie de repousser les tentations si fréquentes de dépenser au cabaret ou ailleurs une partie du fruit de son travail. Etant donnée au contraire cette possibilité, « s'il est sage, l'ouvrier qui percevra un salaire

(1) Encyclique : *Rerum novurum.*

« assez fort pour parer aisément à ses besoins et à ceux « de sa famille, suivra le conseil que semble lui don- « ner la nature elle-même : il s'appliquera à être par- « cimonieux et fera en sorte, par de prudentes épar- « gnes, de se ménager un petit superflu, qui lui per- « mette de parvenir un jour à l'acquisition d'un « modeste patrimoine. Il importe donc que les lois fa- « vorisent l'esprit de propriété, le réveillent et le déve- « loppent autant qu'il est possible dans les masses po- « pulaires (1) ».

Pourquoi tant d'habitants de certaines de nos campagnes obligés par la misère d'émigrer vers les grands centres, s'astreignent-ils pendant plusieurs années aux plus pénibles labeurs et pratiquent-ils une parcimonie qu'on a quelquefois traitée d'avarice ? c'est pour pouvoir bientôt retourner dans leur province et acheter, à côté du toit où ils ont vu le jour et grandi, un toit à eux sous lequel s'écoulera leur vieillesse et grandiront leurs enfants. Qu'on leur enlève cet espoir et ces rudes travailleurs, ces hommes si sobres deviendront, comme tant d'autres, des paresseux et des ivrognes.

3° *Admettrait-on que ceux qui, les premiers, prirent possession du sol commirent une usurpation, — ce qui est faux, — il ne s'en suivrait pas que ceux qui le détiennent aujourd'hui le possèdent d'une manière injuste et par conséquent peuvent en être légitimement dépouillés.* — Soutenir que l'on peut sans injustice enlever la terre à ses possesseurs actuels serait ridicule ; l'occupation primitive est si lointaine que l'on est bien en droit d'invoquer la prescription. D'ailleurs, il importe de remarquer que depuis lors le sol a été complètement transformé par le travail des générations qui se sont succédé. La terre que nous voyons aujourd'hui avec ses fumures, ses défrichements, ses plantations, ses constructions, ses amendements si divers, si coûteux et si longs, diffère presque totalement de la terre telle qu'elle existait avant son appropriation. Et le mot de Michelet, sous sa forme un peu paradoxale, est profondément vrai : « C'est l'homme qui fait la terre »... « Ceux qui ont employé à la cultiver les ressources de « leur esprit et les forces de leur corps se sont appli- « qués pour ainsi dire à eux-mêmes, comme le fait re- « marquer Léon XIII, la portion de la nature corpo-

(1) Encyclique : *Rerum novarum*.

« relle à laquelle ils ont donné leurs soins ; ils y ont « laissé comme une certaine empreinte de leur per- « sonne, au point qu'*en toute justice ce bien est leur* et « qu'il ne saurait être licite à qui que ce soit de violer « leur droit en n'importe quelle manière (1) ».

Le sol est comme pétri de leurs sueurs, il est comme imprégné de leur substance, ils y ont mis quelque chose d'eux-mêmes et comme ce quelque chose est inséparable de la terre qui l'a reçu on ne saurait leur enlever cette terre sans leur enlever par le fait même ce qui incontestablement leur appartient : « car enfin « ce champ remué avec art par la main du cultivateur « a changé complètement de nature : il était sauvage, « le voilà défriché ; d'infécond il est devenu fertile. Ce « qui l'a rendu meilleur est inhérent au sol et se con- « fond tellement avec lui qu'il serait en grande partie « impossible de l'en séparer. Or, la justice tolérerait-elle « qu'un étranger vînt alors s'attribuer cette terre ar- « rosée des sueurs de celui qui l'a cultivée ? De même « que l'effet suit la cause, ainsi est-il juste que le fruit « du travail soit au travailleur (2) ».

4° *La propriété privée a pour elle l'agrément de l'universalité du genre humain, la pratique de tous les siècles, l'autorité des lois humaines et divines.* — « *L'universalité « du genre humain*, sans s'émouvoir des opinions con- « traires d'un petit groupe, reconnaît, en considérant « attentivement la nature, que dans ses lois réside le « premier fondement de la répartition des biens et des « propriétés privées. — La *coutume de tous les siècles* a « sanctionné une situation si conforme à la nature de « l'homme et à la vie calme et paisible des sociétés. « — De leur côté, les *lois civiles*, qui tirent leur valeur, « quand elles sont justes, de la loi naturelle, confir- « ment ce même droit et le protègent par la force. — « Enfin l'autorité des *lois divines* vient y apposer son « sceau en défendant, sous une peine très grave, jus- « qu'au désir même du bien d'autrui : *Tu ne convoiteras « pas la femme de ton prochain, ni sa maison, ni son champ « ni sa servante, ni son âne ni rien de ce qui est à lui* « (*Deuter.*, v, 21) (3). » Une institution qui peut se recommander de pareilles autorités ne saurait être illé

(1) Encyclique : *Rerum novarum*.
(2) Encyclique : *Rerum novarum*.
(3) Encyclique : *Rerum novarum*.

gitime. Il est inadmissible que les hommes de tous les temps aient accepté, que les lois de tous les pays civilisés aient sanctionné, que Dieu lui-même soit venu consacrer un régime de propriété qui ne serait basé que sur l'injustice ou la violence et qui ne serait capable que de donner naissance à tous les abus, à toutes les iniquités et à toutes les misères.

A toutes les preuves déjà apportées on pourrait en ajouter plusieurs autres tirées de la nature même de l'homme ; mais outre que ces arguments trouveront mieux leur place dans le chapitre suivant, ils sont inutiles pour une parfaite démonstration de notre thèse. Ce qui a été dit est plus que suffisant pour l'établir. Tous les paradoxes qu'on pourra entasser, toutes les sophismes qu'on pourra développer, tous les critiques qu'on pourra formuler n'arriveront pas à prouver que la propriété privée est injuste, illégitime et nuisible. On arrivera à montrer qu'elle n'est pas absolument exempte d'abus, qu'elle peut, par certains côtés, offrir des inconvénients, mais jamais qu'elle soit la cause principale du malaise dont souffre la société et que le bien public demande son remplacement par la propriété collective Avec cette dernière forme de propriété, tant préconisée par les *Socialistes*, les abus seraient autrement nombreux et les inconvénients autrement graves. Au lieu d'un remède souverain contre tous les maux on n'aurait qu'une cause plus efficace de difficultés, de gêne, de rivalités, d'oppression et de misère. Très habiles à détruire, les partisans du Collectivisme le sont beaucoup moins à édifier. Ils ont non seulement admirablement signalé, mais encore démesurément exagéré les côtés défectueux du régime actuel ; malheureusement, ils ont été impuissants à proposer quelque chose d'acceptable pour mettre à la place. Tous les systèmes qu'ils ont imaginés, celui de Schäffle comme celui de César de Pæpe, ne sont que des rêveries impraticables. Mais arriverait-on à les réaliser, au lieu de la paix, de l'égalité et du bonheur si bruyamment promis, ils n'apporteraient à notre pauvre société que les plus amères déceptions. Le sort de l'immense majorité des hommes serait pire que leur sort présent, on verrait alors « la perturbation dans tous « les rangs de la société; une odieuse et insupportable « servitude pour tous les citoyens; la porte ouverte à « toutes les jalousies, à tous les mécontentements, à

« toutes les discordes ; le talent et l'habilité privés de « leurs stimulants, et comme conséquence nécessaire « les richessses taries dans leur source ; enfin à la place « de cette égalité étant rêvée, l'égalité dans le dénû- « ment, dans l'indigence, dans la misère (1) ».

« Pour tout ce que nous venons de dire, pouvons- « nous conclure toujours avec Léon XIII, on comprend « que la théorie *socialiste* de la propriété collective est « absolument à répudier, comme préjudiciable à ceux- « là même qu'on veut secourir, contraire aux droits « naturels des individus ; comme dénaturant les fonc- « tions de l'Etat et troublant la tranquillité publique. « Qu'il reste donc bien établi que le premier fonde- « ment à poser par tous ceux qui veulent sincèrement « le bien du peuple, c'est l'inviolabilité de la propriété « privée. »

CHAPITRE III

ORIGINE DU DROIT DE PROPRIÉTÉ PRIVÉE

II. Exposé des opinions émises sur ce point. — On peut ramener à trois les théories émises sur l'origine du droit de propriété privée : la théorie du *contrat* ; la théorie de la *loi* ; la théorie du *droit naturel.*

1° *Théorie du contrat.* — Ses partisans disent que le droit de propriété privée repose sur une convention, sur un pacte explicitement ou implicitement consenti par les hommes à un moment donné de l'histoire. Jusqu'à cette époque très reculée non seulement la terre, mais encore tous les autres biens n'appartenaient à personne en particulier, ils étaient le patrimoine commun de tous. Cette indivision ayant présenté certains inconvénients, les hommes s'entendirent et convinrent librement qu'à l'avenir chacun pourrait posséder en propre. C'est un droit qu'ils se reconnurent, qu'ils s'accordèrent mutuellement. Cette entente introduisit la propriété privée et servit de fondement juridique à la possession légitime soit du sol, soit des autres biens susceptibles d'appropriation. Telle est la thèse

(1) Encyclique : *Rerum novarum.*

des Physiocrates, thèse défendue par Grotius, Wolff, Puffendorf, Burlamaqui et d'autres encore.

2° *Théorie de la loi*. — Ceux qui la soutiennent s'inspirent du mot de Bentham : « Avant les lois, il n'y a pas de propriété ; ôtez les lois toute propriété cesse », et affirment que c'est la *loi seule* qui a créé le droit de propriété individuelle. La propriété est une institution de droit positif. « Plusieurs, dit le publiciste libéral Benjamin Constant, ont défendu la propriété par des raisonnements abstraits et sont tombés dans une erreur grave. Ils ont représenté la propriété comme quelque chose de mystérieux, d'antérieur à la société, d'indépendant d'elle. Ces assertions sont fausses. La propriété n'est pas antérieure à la société, car sans l'association qui lui donne une garantie, elle ne serait que le droit du premier occupant, en d'autres mots le droit de la force, c'est-à-dire, un droit qui n'en est pas un. La propriété n'est pas indépendante de la société, car si un état social, à la vérité, très misérable, peut être conçu à la rigueur sans propriété, on ne peut imaginer de propriété sans état social. La propriété existe de par la société ». Lorsque les hommes se furent réunis en société et eurent constitué pour les régir un pouvoir, ce *pouvoir* décréta, dans l'intérêt de tous, la possibilité pour chacun d'arriver à la possession exclusive du sol aussi bien que de tout objet et fixa les conditions dans lesquelles pourrait se faire régulièrement cette appropriation. C'est à partir seulement du moment où cette décision, cette mesure légale fut prise que commença à exister le droit de propriété privée. Jusque là l'homme ne le possédait pas. « Une propriété particulière, dit Mirabeau dans son fameux discours à l'Assemblée Constituante, est un bien acquis en vertu des lois. La loi seule constitue la propriété, parce qu'il n'y a que la volonté politique qui puisse opérer la renonciation de tous et donner un titre commun, un garant à la jouissance d'un seul. »

La théorie de la *loi* comme la théorie du *contrat* donne au droit de propriété privée une origine purement humaine. Elle a été développée par Hobbes et défendue par Montesquieu. Les Encyclopédistes, les hommes de la Révolution comme Tronchet, Mirabeau, Babœuf, Robespierre s'en montrèrent les partisans convaincus. Depuis lors elle n'a cessé de compter de nombreux adeptes, parmi lesquels on peut citer J. B. Say et Stuart Mill. A l'heure actuelle elle est en faveur auprès d'un certain nombre de professeurs de l'Etat, de beaucoup d'économistes allemands et même de quelques catholiques qui, avec Ott, croient faussement y retrouver les idées des théologiens scolastiques (1).

3° *Théorie du droit naturel.* — Elle fait remonter l'origine du droit de propriété à Dieu lui-même. Ce droit est antérieur à toute société et existe indépendamment de toute convention. Il repose sur la volonté du Créateur qui a ordonné toutes choses et réside dans la nature même de l'homme. En donnant la vie à l'homme Dieu, infiniment sage et infiniment bon, n'a pu se dispenser de lui donner tous les droits qui lui sont nécessaires pour se conserver, se développer, atteindre la fin qu'il lui a assignée et remplir les divers devoirs qu'il lui a imposés ; la faculté d'acquérir étant, comme nous le verrons, un de ces droits nécessaires, l'homme l'apporte certainement avec lui en naissant. Il la tient non d'une convention humaine ou d'une loi positive, mais de celui qui l'a placé sur la terre. Il la trouve dans la constitution même de son être et dans les différentes relations avec les objets qui l'entourent.

Cette thèse qui est celle de saint Thomas et de l'immense majorité des théologiens a été irréfutablement établie par Léon XIII dans son Encyclique. M. de Mun, dans l'adresse lue au nom du pélerinage du 9 septembre 1891, disait au Souverain Pontife : « Tous, parmi les catholiques, défendront contre de coupables entreprises la propriété privée et personnelle qui est pour l'homme *de droit naturel* ». La thèse de l'origine naturelle du droit de propriété, que beaucoup d'économistes, surtout d'économistes chrétiens, se font un devoir de soutenir, a été défendue au Corps Législatif

(1) Il est vrai que les théologiens scolastiques assignent généralement comme fondement au droit de propriété privée le *droit des gens*, le *jus gentium*, et qu'il distinguent le *jus gentium* du *jus naturale* ; mais si on veut bien se rendre compte de ce qu'ils entendent par *jus gentium*, on se convaincra aisément qu'ils ne donnent pas plus que les théologiens d'aujourd'hui, une origine humaine au droit de propriété. Pour eux, le *jus gentium* et le *jus naturale* se distinguent *ratione objecti* et nullement *ratione originis*, tous deux procédant de la nature. — Le P. Liberatore le démontre d'une façon évidente dans ses *Principes d'Economie politique* : IIe part., chap. II, art 1er.

par Portalis qui s'écriait dans la discussion du Code civil : « Oui, le principe du droit de propriété est en nous. Il n'est point le résultat d'une convention humaine ou d'une loi positive, il est dans la constitution même de notre être... »

Le seul rôle que les partisans de cette opinion assignent à la loi, c'est de reconnaître le droit de propriété privée, de le protéger contre toute atteinte, d'en faciliter l'exercice, de fixer les conditions dans lesquelles il doit normalement se pratiquer et d'édicter les formes auxquelles, pour le bien commun, il devra se soumettre. La loi consacre le droit de propriété, mais ne le crée pas, il vient de plus haut. Cependant *l'attribution effective* de tels ou tels objets à tels ou tels hommes ; soit à chacun d'eux individuellement, soit à plusieurs d'entr'eux associés à cette fin, peut être basée sur des conventions ou sur des lois humaines, car « Dieu a voulu abandonner la délimitation des propriétés à l'industrie des hommes et aux institutions des peuples (1) ».

II. Réfutation des théories du Contrat et de la Loi, qui donnent une origine humaine au droit de propriété privée. — 1° *Le droit de propriété privée ne repose pas sur un contrat passé entre les hommes.* — Si un pareil contrat avait jamais existé on en trouverait trace dans l'histoire. Une convention qui devait exercer une influence si grande sur les destinées de l'humanité n'a pas pu passer inaperçue ; l'événement était trop considérable pour que le souvenir s'en soit perdu ; s'il s'était réellement produit, on saurait au moins d'une façon approximative où et quand il a eu lieu. Or, l'histoire est absolument muette sur un fait de cette nature. Nulle part il n'est fait mention d'une convention de ce genre ; de ce silence on peut conclure, sans crainte de se tromper, que cette convention n'a jamais existé. Ce prétendu contrat social est donc une supposition gratuite, comme gratuite est l'affirmation que tous les biens furent communs aux premiers temps de l'humanité.

D'ailleurs le droit de propriété étant un droit essentiellement stable a besoin de reposer sur une base moins fragile, moins instable que celle qui lui serait fournie par un simple pacte. Fondé sur une pure convention,

(1) Léon XIII. Encyclique : *Rerum novarum*.

il serait, comme elle, à la merci des contractants Une pareille convention pourrait tout au plus lier la génération qui a signé l'accord ou celle qui l'a ratifié et encore, si la somme des maux qu'il engendre semblait à plusieurs l'emporter sur la somme des biens qu'il procure, pourquoi ceux-là ne pourraient-ils pas légitimement reprendre leur parole ? Pourquoi, fussent-ils la minorité, se sacrifieraient-ils au plus grand nombre ? Est-ce qu'on avait le droit de leur imposer une mesure qui serait nuisible à leurs intérêts et de faire un arrangement qui leur porterait préjudice ? Et ainsi la propriété ne serait plus qu'une institution changeante, placée sous la dépendance du bon plaisir des hommes, ce qui est absolument contraire à sa vraie nature.

2° *Le droit de propriété privée ne repose pas sur une loi humaine.* — Si c'était la loi humaine qui a créé le droit de propriété privée, il s'en suivrait que ce droit peut être régulièrement supprimé par les pouvoirs publics, une nouvelle loi pouvant toujours régulièrement défaire ce qu'ont établi des lois précédentes. Ainsi avec cette théorie, les Socialistes, arrivant à former la majorité et à s'emparer du gouvernement, pourraient sans injustice déposséder les détenteurs actuels du sol à la seule condition de leur donner une équitable indemnité pour les dépenses qui ont été faites en vue de l'amélioration du fonds. La cause du socialisme se trouve légalement gagnée à la seule condition que ses partisans deviennent un instant les maîtres légitimes du pouvoir. Une théorie conduisant logiquement à de pareilles conséquences ne saurait être exacte. Le droit de propriété est antérieur à la société et par conséquent à la loi : « L'Etat, comme le dit Léon XIII, est postérieur à l'homme et, avant qu'il put se former, l'homme déjà avait reçu de la nature le droit de vivre et de protéger son existence. Ce n'est donc pas des lois humaines, mais de Dieu que vient le droit de propriété individuelle ».

L'opinion, que nous combattons, conduit directement au positivisme juridique, c'est-à-dire à ce système aussi faux que dangereux, qui fait de la loi civile le fondement unique et la règle supérieure de toute justice et par là ouvre la voie à tous les arbitraires, à tous les abus et à toutes les injustices. On doit donc la rejeter.

III. Démonstration de l'origine divine du droit de propriété. — Dieu a créé l'homme pour vivre en société, il lui a donné le droit de fonder une famille et imposé le devoir de subvenir aux diverses nécessités de ses enfants, il l'a constitué être essentiellement doué d'intelligence et de raison prévoyante ; et Dieu, la Sagesse par essence, n'assigne pas à l'homme une fin sans lui fournir les moyens de l'atteindre, il ne lui impose pas des devoirs sans lui procurer ce qui est nécessaire pour les remplir, il ne le gratifie pas de qualités sans lui départir ce qui est indispensable pour les utiliser. Or, sans le droit de propriété privée l'homme ne peut ni vivre en société, ni remplir tous les devoirs que la nature lui impose envers ses enfants, ni utiliser complètement le côté prévoyant de son intelligence. Donc Dieu a dû donner ce droit à l'homme, par conséquent ce droit est naturel ; il découle de l'essence et de la destination de l'homme, il a une origine divine.

1° *La propriété privée est nécessaire pour que l'homme puisse vivre en société.* — La société n'est avantageuse et même possible, que tout autant que règnent parmi ses membres la *paix*, le *bon ordre* et une *convenable prospérité*, mais il a été précédemment établi que sans propriété privée il ne saurait y avoir longtemps entre les hommes ni paix, ni bon ordre, ni convenable prospérité ; par conséquent ni société. Bourdaloue nous en donne la raison dans son magnifique sermon pour le huitième dimanche après la Pentecôte. « Selon la première loi de la nature, dit-il, ainsi que le remarque saint Ambroise, tous les biens devaient être communs. Comme tous les hommes sont également hommes, l'un, par lui-même et de son fond, n'a pas des droits mieux établis que ceux de l'autre, ni plus étendus. Ainsi il paraissait naturel que Dieu les ayant créés et voulant, après le bienfait de la création, leur fournir à tous par celui de la conservation l'entretien et la subsistance nécessaires, leur abandonnât les biens de la terre pour en recueillir les fruits, chacun selon ses nécessités présentes et selon que les différentes conjectures le demanderaient. Mais cette communauté de biens si conforme d'une part à la nature et à la droite raison ne pouvait de par ailleurs, à *cause de la corruption du cœur de l'homme*, longtemps subsister. Chacun emporté par sa convoitise et maître de s'attribuer telle portion qu'il lui eut plu, n'eut pensé qu'à se remplir aux dépens des autres et de là les divisions et les guerres. Nul qui, volontairement et de gré, se fut assujetti à certains ministères pénibles et humiliants. Nul qui eut voulu obéir, voulu servir, voulu travailler et agir, parce que nul n'y eut été forcé par le besoin. D'où vous jugez quel désordre en eut résulté dans le monde livré par là, si j'ose ainsi m'exprimer, à un pillage universel et à tous les maux que la licence ne manque pas d'entrainer. Il fallait donc que *la nature* établit une diversité de conditions pour qu'il y eut dans la société humaine de la subordination et de l'ordre. » Puisque la nature veut pour l'homme une société tranquille, bien organisée et assurant à tous un suffisant bien-être et que cette société ne peut exister sans la division des biens, il faut conclure que la division des biens, c'est-à-dire la propriété individuelle, est également voulue par la nature et se trouve de droit naturel.

2° *La propriété privée est nécessaire pour que l'homme, père de famille, puisse remplir plusieurs des devoirs que la nature lui a imposés envers ses enfants.* — L'homme qui, usant d'un droit sacré, qu'il tient de Celui qui a dit : croissez et multipliez-vous, a fondé une famille a non seulement « le devoir rigoureux de nourrir et d'entretenir ses enfants » ; mais encore « comme les enfants réflètent la physionomie de leur père et sont une sorte de prolongement de sa personne, *la nature* lui inspire de se préoccuper de leur avenir et de leur créer un patrimoine qui les aide à se défendre dans la périlleuse traversée de la vie contre toutes les surprises de la mauvaise fortune. Mais ce patrimoine pourra-t-il le leur créer *sans l'acquisition et la possession de biens permanents et productifs qu'il puisse transmettre par voie d'héritage* » (1). Par conséquent, puisque la nature a imposé au père ce devoir et lui a mis au cœur cette inclination, elle a dû en même temps lui donner le droit de propriété qui seul, comme le déclare Léon XIII dans le passage qui vient d'être cité, lui permet de remplir complètement l'un et de satisfaire entièrement l'autre.

3° *La propriété privée est demandée par la nature prévoyante de l'homme.* — La prévoyance veut que l'homme non seulement subvienne à ses besoins présents, mais encore pourvoie à ses besoins à venir et il ne peut le

(1) Encyclique : *Rerum novarum*.

faire que par la possession stable des choses productives Si les besoins de l'homme cessaient, quand ils ont été une fois satisfaits, cette prise de possession ne serait pas exigée par la nature, mais ces besoins sont chaque jour renaissants. Pour se garantir contre les effets de leur incessant retour, il est raisonnable que l'homme cherche à s'approprier non seulement les fruits de la terre, mais encore le fonds même sur lequel ces fruits se recueillent. La stabilité du besoin conduit à la stabilité de la possession. C'est ce que déclare formellement Léon XIII quand il dit : « Ce qui excelle « en nous, qui nous fait hommes et nous distingue « essentiellement de la bête, c'est la raison ou l'in- « telligence, et en vertu de cette prérogative, il faut re- « connaître à l'homme non seulement la faculté géné- « rale d'user des choses extérieures, mais en plus le « droit stable et perpétuel de les posséder, tant celles « qui se consument par l'usage que celles qui demeu- « rent après nous avoir servi. Une considération plus « profonde de la nature humaine va faire ressortir « mieux encore cette vérité. L'homme embrasse par « son intelligence une infinité d'objets et aux choses « présentes il ajoute et rattache les choses futures ; il « est d'ailleurs le maître de ses actions, aussi sous la « direction de la loi éternelle et sous le gouvernement « universel de la Providence divine est-il en quelque « sorte à lui-même sa loi et sa providence. C'est pour- « quoi il a le droit de choisir les choses qu'il juge les « plus aptes non seulement à pourvoir au présent, « mais encore au futur. D'où il suit qu'il doit avoir « sous sa domination, non seulement les produits de « la terre, mais encore la terre elle même qu'il voit « appelée à être, par sa fécondité, sa pourvoyeuse de « l'avenir. Les nécessités de l'homme ont de perpétuels « retours ; satisfaites aujourd'hui, elles renaissent de- « main avec de nouvelles exigences. Il a donc fallu, « pour qu'il put y faire droit en tout temps, que la na- « ture mit à sa disposition un élément stable et per- « manent capable de lui en fournir perpétuellement « les moyens. Or, cet élément ne pouvait être que la « terre avec ses ressources toujours fécondes (1) ».

4° *L'universalité et la permanence du fait de la propriété prouve qu'elle a son fondement dans la nature hu-*

(1) Encyclique : *Rerum novarum.*

maine. — L'appropriation de la terre n'a été inconnue qu'aux peuplades sauvages et aux tribus nomades. Partout où il y a eu société régulière et civilisation on trouve la propriété individuelle. Or, une pratique, qui a pour elle le consentement de toutes les nations civilisées, ne peut procéder que de la *nature*. Chose absolument remarquable, c'est qu'aucun peuple n'a quitté le régime de la propriété individuelle par un libre mouvement de son évolution pour retourner à un régime d'indivision, tandis que pour tous, au contraire, on peut mesurer le progrès vers la civilisation par le progrès vers la propriété individuelle. Si des pays, comme le nord de l'Afrique, qui jouissait de la propriété individuelle sous la domination romaine et que l'invasion Arabe a ramené ensuite à l'indivision du *douar*, si des pays ont rétrogradé, la propriété n'y a pas succombé sans que la civilisation y succombât avec elle. Civilisation et propriété ont été de tout temps inséparables.

5° *Enfin le penchant inné de l'homme à la propriété démontre que la propriété est quelque chose de naturel.* — L'appropriation est instinctive chez l'homme. Cette tendance se révèle dès le plus jeune âge ; avec les années, elle ne s'accroît pas, elle se transforme seulement. Il n'y a pas d'enfant qui, dès qu'il peut parler, ne dise : « Ceci est à moi » ; qui, même ne le prenne et ne l'arrache alors que souvent il est encore incapable de le nommer. L'expérience de tous les jours est là pour le montrer. L'instinct de la propriété devance chez l'homme la raison ; d'instinct l'homme est propriétaire comme d'instinct il est raisonnable et sociable (1). « C'est donc avec raison, que l'universalité du genre humain, sans s'émouvoir des opinions contraires d'un petit groupe, reconnaît, en considérant attentivement la nature, que dans ses lois réside le premier fonde-

(1) H. Spencer et les autres évolutionnistes vont plus loin. Ils établissent l'origine naturelle du droit de propriété en se basant sur le phénomène d'appropriation instinctive que l'on remarque jusque chez les animaux. « Quand on sort des discussions pour regarder les faits, dit Yves Guyot, on s'aperçoit que tout être n'existe qu'à la condition de faire acte de propriété. Cette herbe fait acte de propriété sur le rocher auquel elle s'attache et elle ne se développe qu'en faisant des acquisitions constantes ». M. Letourneau montre l'origine du droit de propriété dans l'instinct primordial

ment de la répartition des biens et des propriétés privées (1). »

IV. Conséquences de l'origine divine du droit de propriété. — Nous avons vu que si le droit de propriété était basé sur une simple convention humaine il serait, comme elle, à la merci des contractants ; que s'il était fondé seulement sur la loi, il pourrait être supprimé par une nouvelle loi ; mais s'il vient de Dieu, si l'homme le tient de la nature, il en résulte qu'aucune puissance ici-bas ne saurait légitimement le lui enlever. Aucune loi humaine peut le supprimer, ni même l'affaiblir (2). L'Etat n'a pas le droit de *l'abolir* et tous les Etats du monde s'entendraient-ils pour décréter la suppression de la propriété privée cette abolition serait nulle et de nul effet.

L'Etat n'a pas davantage le droit de lui *porter une atteinte même simplement indirecte* ; il doit s'interdire tout ce qui serait de nature à amoindrir une institution sur laquelle repose tout notre ordre social. Il peut seulement la reconnaître, la défendre et porter des règlements qui préviennent les abus, assurent un usage régulier et concilient toutes choses pour le plus grand bien commun. Il agit sagement lorsqu'il porte des lois protectrices ou prescrit des formalités utiles ou prélève sur les revenus la part nécessaire pour assurer les services publics, mais « il agit contre la justice et l'humanité lorsque, sous le nom d'impôts, il grève contre nature les biens des particuliers (3) ». C'est alors une expropriation, bien plus, une expoliation déguisée. Toute ingérence non indispensable de la part de l'autorité publique en matière de propriété est souverainement dangereuse, il ne faut pas que la protection que

qui pousse les animaux à s'emparer de tout ce qui peut servir à leur nourriture. Un pareil argument pour prouver trop ne prouve rien, il assimile deux choses qui n'ont entre elles que des analogies. Il y a une différence radicale entre l'appropriation faite par un homme et celle que l'on prête aux animaux et surtout aux plantes. C'est abuser de la métaphore que de voir un acte de propriété dans l'occupation du rocher par l'herbe, de la caverne par le lion. Consulter Antoine S. J. *Cours d'Economie sociale*, p. 475.

(1) Léon XIII. Encyclique : *Rerum novarum*.

(2) « Ce n'est pas des lois humaines mais de la nature qu'émane le droit de propriété individuelle, l'autorité publique ne peut donc l'abolir. » Léon XIII.

(3) Encyclique : *Rerum novarum*.

doit l'Etat dégénère en une onéreuse et gênante tutelle ; l'Etat est, plus que personne, tenu de respecter la liberté et les droits de tous ceux qui détiennent légitimement une partie de la fortune publique. Il importe, en face de la terrible poussée du prolétariat, qu'il évite avec un soin extrême tout ce pourrait amoindrir une institution déjà si violemment battue en brèche et pourtant si nécessaire.

Le seul cas dans lequel la propriété privée pourrait être régulièrement abolie, au moins momentanément, est celui où tous les hommes pris individuellement consentiraient librement à cette abolition ; car la propriété privée, comme le fait remarquer le Père Liberatore, vient de la nature non par voie de *commandement* mais par voie d'*autorisation* et par conséquent comme faculté et non comme obligation morale. C'est un droit et non un devoir ; elle doit être respectée par les autres, mais celui qui la détient peut en faire l'abandon, parce que chacun est libre de renoncer *juri suo*. Encore si un accord semblable survenait n'obligerait-il que les seuls contractants, il n'engagerait nullement leurs enfants qui, tenant de Dieu même le droit de posséder des biens en propre, pourraient toujours légitimement revenir à un état de choses dont la suppression « amènerait infailliblement la perturbation dans tous les rangs de la société, établirait une odieuse et insupportable servitude pour tous les citoyens et ouvrirait la porte à toutes les jalousies, à tous les mécontentements, à toutes les discordes (1) ».

CHAPITRE IV

MANIÈRES D'ACQUÉRIR LA PROPRIÉTÉ D'UN OBJET OU FAITS ATTRIBUTIFS DE PROPRIÉTÉ

I. Exposé de la question. — Dieu a accordé à tout homme venant au monde le droit d'acquérir des biens et de s'en rendre le propriétaire exclusif. Mais ce droit, qui est le même chez tous, chez l'enfant du pauvre comme chez celui du riche, n'est qu'un droit en

(1) Encyclique : *Rerum novarum*.

quelque sorte abstrait. Car, si chacun de nous tient de la nature la faculté générale d'arriver à posséder des champs, des animaux, des rentes, personne n'a reçu d'elle la propriété concrète de tels champs, de tels animaux, de telles rentes en particulier. Elle nous a donné le *droit* de tout acquérir, mais elle ne nous a pas donné la *propriété* du moindre objet. C'est à nous à nous rendre propriétaires par l'exercice régulier des droits que nous tenons du Créateur. Les actes par lesquels nous pouvons nous rendre les maîtres exclusifs et légitimes de tel ou tel bien déterminé, par exemple, de ce champ, de ce cheval, de cette maison, prennent le nom de *faits attributifs de propriété*.

Les objets susceptibles d'appropriation sont de deux sortes. — Les uns n'appartiennent encore à personne, ils n'ont pas de maître, ce sont des *res nullius*. L'acquisition qu'on en fait s'appelle *originaire* ou *primitive*. — Les autres appartiennent déjà à quelqu'un, ils ont un maître ; l'acquisition qu'on en fait, acquisition dans laquelle, suivant le langage du droit, on a un *auteur*, on est l'*ayant cause* de quelqu'un, prend le nom d'acquisition dérivée.

Les biens de cette dernière espèce forment, dans nos pays civilisés, l'immense majorité, on pourrait dire, la presque totalité des biens. On les acquiert soit par contrat entre-vifs, soit par succession après décès. Nous verrons au chapitre suivant que le droit de donner ce qui nous appartient, de le vendre, de l'échanger, de le léguer par testament découle rigoureusement du droit de posséder et que, comme lui, il nous vient de la nature.

Les biens *nullius* n'existent à peu près plus en Europe. Seuls appartiennent encore à cette catégorie le gibier des champs, le poisson de la mer et de certaines rivières, les fruits sauvages et les rares objets abandonnés. Mais ces biens *nullius* sont, même à l'heure actuelle, considérables dans diverses parties du monde. En Afrique, en Océanie, dans l'Amérique du Sud et du Nord il y a toujours des contrées immenses qui n'ont pas de propriétaire.

A l'origine de l'humanité la terre entière était dans cette situation ; nul ne la revendiquait pour sienne et alors régnait dans l'univers ce que Théologiens et Economistes appellent le *communisme négatif*. Peu à peu, voyons-nous dans l'histoire, à cet état de choses succède le régime de la propriété individuelle. Les hommes s'emparent par occupation de telle ou telle partie du sol, ils la cultivent, s'en considèrent comme les maîtres pendant leur vie et après leur mort la lèguent à leurs descendants. Les partisans du collectivisme voient dans cette prise de possession une usurpation criante et une victoire de la force ou de la ruse sur le droit. Il importe donc d'étudier les fondements humains de l'acquisition *originaire* et de montrer que l'*occupation*, dans les conditions dont il vient d'être parlé, est chose légitime et qu'elle suffit pour conférer un véritable droit de propriété.

II. Résumé des théories émises sur cette question. — Trois opinions ont cours sur ce point.

1° Un certain nombre d'Economistes de l'école classique tels que Ricardo, Bastiat, J. B. Say, Portalis admettent après Locke que le *travail* est l'unique source du droit de propriété et que seul il confère un titre valable de possession. L'homme est maître de ce qu'il produit. Le travail n'étant « qu'une continuation de sa personnalité », qu'une mise en œuvre de son activité, les fruits de ce travail lui appartiennent tout entiers. « Qu'est-ce qui donne à l'homme le droit de dire « *cette chose est mienne*? D'où vient que tous lui accordent le droit d'en disposer? Cela ne vient-il pas « tout d'abord de ce que l'homme a le droit de faire « usage de ses facultés et de jouir du produit de son « travail ? De même que l'homme s'appartient, de « même le travail concrété par le produit lui appartient (1). » Mais ce travail concrété seul lui appartient : il n'a de droit que sur lui et sur ce qu'il a échangé contre lui. Par conséquent, pas de propriété légitime sans travail. Le travail est non seulement une des causes efficientes, mais l'unique cause efficiente de la propriété. « Personne ne peut légalement posséder quoi que ce soit, à moins qu'il ne l'ait légitimement acquis par son propre travail, ou qu'il ne l'ait reçu de quelqu'un qui en était, en travaillant, devenu le légitime propriétaire (2). »

Pour les partisans de cette opinion, l'occupation ne fonde pas la propriété, elle n'est pas un titre de propriété, elle permet seulement de devenir propriétaire

(1) HENRY GEORGE. — *Progress and Poverty.*
(2) HENRY GEORGE. — *Progress and Poverty.*

en fournissant à quelqu'un un fonds, une matière sur laquelle il puisse exercer son activité. Par conséquent, lorsque la terre était encore *res nullius* il n'a pas suffi à un homme de prendre possession d'une partie du sol pour s'en trouver le légitime propriétaire. Il ne l'est devenu réellement, que lorsque ce sol a été imprégné de ses sueurs, fécondé par ses soins et transformé par son travail.

Les socialistes agraires, à la suite de Henry George, ont tous soutenu cette théorie du travail unique cause efficiente de la propriété. Ils en ont tiré un argument nouveau pour appuyer leur système et établir l'absolue inaliénabilité du sol. « L'homme, disent-ils, ne peut appeler *sien* que ce qui est le produit de son travail ; or, les biens-fonds ne sont pas le produit du travail de l'homme, donc les biens-fonds ne peuvent dans aucun cas être objet de propriété privée (1). » Mirabeau s'était exprimé dans le même sens, dans son discours à la Constituante du 2 avril 1791. « Ce n'est que sur son propre individu, ce n'est que sur le travail de ses mains, sur la cabane qu'il a construite, sur l'animal qu'il a abattu, sur le terrain qu'il a cultivé ou plutôt sur la culture même et son produit que l'homme peut avoir un vrai privilège. Dès qu'il a recueilli le fruit de son travail, le fonds sur lequel il a déployé son industrie retourne au domaine général et redevient commun à tous les hommes. »

2° D'autres Economistes admettent bien que l'occupation suffit à elle seule pour conférer un vrai droit de propriété ; mais ce droit n'est encore en quelque sorte qu'un droit radical, initial, non absolu et non définitif. Il ne devient définitif, absolu et parfait, surtout s'il s'agit de la terre, que lorsque le travail est venu le confirmer et le consacrer. Un homme s'empare d'un terrain qui n'appartient encore à personne, par ce seul acte de prise de possession il acquiert un droit réel sur ce terrain, mais la *propriété* ne devra être considérée comme complètement acquise que tout autant qu'elle aura été affirmée au moins par un acte de véritable exploitation.

3° Les Théologiens catholiques et la plupart des Juristes reconnaissent deux causes efficientes de la propriété, causes indépendantes l'une de l'autre et également efficaces. Ils avouent volontiers que le travail

(1) Henry George. — *Progress and Poverty*, p. 242.

confère à son auteur un droit absolu et exclusif sur tout ce qui est produit par lui, sur toute utilité nouvelle créée par lui ; mais ils nient formellement qu'on ne puisse avoir des droits que sur les fruits de son labeur. Ils professent que l'*occupation* suffit pour rendre réellement *nôtres* des biens jusque-là sans maître, et que l'*occupation* a été, de fait, la première cause efficiente de la propriété foncière.

Il faut cependant remarquer qu'ils ne se contentent pas de n'importe quelle *occupation*, ils exigent que, pour constituer un titre légitime, l'occupation réalise certaines conditions. Il la faut *déterminée, effective* et *manifestée par quelque signe extérieur*. Ainsi, quelqu'un irait en Afrique, en Océanie ou dans tout autre pays et, arrivé au milieu de régions encore inhabitées, dirait : je m'attribue les territoires qui s'étendent devant moi ; il n'aurait pas le droit de se considérer comme devenu maître exclusif de ces pays par une prise de possession aussi vague, aussi générale, aussi dénuée de tout ce qui est capable de la rendre effective et constatable. Il a besoin de délimiter ce qu'il entend s'approprier, d'affirmer de quelque manière son entrée en jouissance et de rendre sensible, par des indices clairs et manifestes, le fait de son occupation. A ces conditions, mais à ces conditions seulement, il peut se considérer comme vrai et unique propriétaire de ce qu'il s'est attribué.

Cette opinion se rapproche beaucoup de la précédente, sans se confondre pourtant avec elle. La nuance qui les sépare est considérable et toutes nos préférences sont pour la thèse qui voit dans l'occupation, indépendamment de tout travail proprement dit, un titre légitime et suffisant de propriété, toutes les fois qu'il s'agit de biens *nullius*.

III. Réfutation de la théorie du travail, seule cause efficiente de la propriété. — Nous avons vu, au chapitre précédent, que l'intérêt de la Société non moins que celui de la famille et de l'individu demandant que la terre ne reste pas propriété collective, Dieu a donné à l'homme le droit de posséder le sol comme il lui a donné le droit de posséder les autres sortes de biens. Mais ce droit de posséder le sol serait illusoire et nul si le travail était la seule cause efficiente de la propriété. — Si on admet, en effet, avec Henry George, que l'homme ne peut légitimement appeler sien que le produit de son travail, il faut admettre pareillement que le sol existant avant tout travail et apportant des avantages indépendants du travail, ne peut, dans aucun cas, être considéré comme un produit du travail et par conséquent dans aucun cas ne peut devenir objet de propriété privée (1). Cette conclusion étant fausse, faux nécessairement doit se trouver le principe d'où elle découle rigoureusement.

Il est impossible que Dieu, souverainement sage, nous ait donné à tous la faculté de posséder en propre une portion plus ou moins considérable du sol et qu'il nous ait refusé tout moyen de faire de ce pouvoir inné un usage régulier et légitime. Le droit abstrait de propriété foncière privée entraîne l'existence d'un droit concret, c'est-à-dire d'un *fait juridique*, qui le détermine et lui donne l'acte et le libre exercice dans chaque cas particulier. Puisque le travail ne peut être *ce fait juridique*, nous devons en conclure qu'il en existe un autre pour l'acquisition originaire de la terre au moins ; cet autre fait c'est l'*occupation*, opérée dans les conditions énumérées plus haut.

IV. Défense de la théorie de l'occupation. — Pour empêcher tout malentendu et enlever toute raison de se produire à une objection souvent répétée (2), il importe de faire remarquer immédiatement qu'on ne prétend pas que l'*occupation* constitue le droit de propriété. On affirme seulement qu'elle est un *fait juridique* rendant actuel un droit latent, précisant un droit indéterminé. Ainsi se trouve exclue de cette théorie jusqu'à l'ombre d'un cercle vicieux. On ne dit

(1) Cette conclusion s'impose, plusieurs des partisans de la théorie du travail le reconnaissent volontiers. Voici ce que dit Gide dans ses *Principes d'Economie politique*, p. 475-476 : « On a distingué d'une part les produits, de l'autre le fonds productif lui-même, terre et mines, qui, par le seul fait qu'il préexiste à toute production, ne peut être que l'œuvre de la nature et non du travail de l'homme. Si nous voulons rester fidèles au principe qui fait reposer la propriété individuelle sur le travail, il semble que nous devons déclarer légitime le droit de propriété sur la première catégorie de richesses (les produits) et le déclarer illégitime sur la seconde catégorie (terre et mines) parce qu'elle sont naturelles. »

(2) Cette objection est la suivante : L'occupation est un fait ; or, un fait ne constitue pas un droit, donc l'occupation ne constitue pas le droit de propriété.

pas en effet : « J'ai occupé cette terre et par là je l'ai faite mienne » ; ou réciproquement : « Je l'ai faite mienne, parce que je l'ai occupée ». On dit simplement : « Je me suis approprié cette terre en l'occupant, conformément au droit que Dieu m'en a donné, donc maintenant cette terre est à moi ». Le fait positif et contingent ne sert qu'à donner sa dernière détermination, qu'à concrétiser un droit abstrait conféré par la nature elle-même.

Ces observations faites, il reste à exposer les arguments qui établissent la thèse. La théorie de l'occupation, cause efficiente de la propriété, a pour elle la *pratique universelle*, le *droit* et la *raison*.

1° *Elle a pour elle la pratique universelle.* — Sans vouloir conclure du fait au droit, on peut invoquer, en faveur de l'opinion soutenue par les théologiens, la pratique universelle. A l'origine, l'immense majorité des richesses naturelles n'appartenait à personne en particulier, la terre était l'apanage de tous et pour la plupart des biens régnait un communisme à peu près complet. Mais insensiblement une révolution s'opéra dans les institutions comme dans les mœurs. La vie nomade fit peu à peu place à la vie sédentaire et la propriété foncière privée se substitua, lentement peut-être, mais progressivement à la propriété collective. Sur ce sol qui n'avait pas de maître, un chef de famille fatigué de l'existence errante du chasseur ou du pasteur s'arrêta un jour, il se choisit un champ pour y appliquer son activité et celle de ses enfants, il y fixa sa tente, y établit ses troupeaux et, en vertu du principe *prior tempore, potior jure*, il s'y considéra dès lors comme chez lui. Les autres l'imitèrent et ces occupations du sol furent regardées par tous comme de vraies prises de possession, comme des mainmises légitimes, permettant d'exercer les divers droits de propriétaire réel et exclusif.

Et n'est-ce point ce qui se passe encore aujourd'hui dans beaucoup de pays non civilisés ? Un colon arrive, il cherche un terrain qui lui convienne et qui ne soit pris par personne, il l'occupe et par cette occupation il s'en trouve le maître. Il le considère comme sa chose et il n'admet pas qu'un autre puisse régulièrement venir le supplanter ou l'empêcher de jouir paisiblement.

Même dans nos pays, n'arrive-t-il pas souvent que

la première occupation est la principale et la plus importante cause efficiente de la propriété? Le chasseur qui tue un lièvre ou un perdreau, le pêcheur qui attire un poisson dans ses filets, le collectionneur qui ramasse des coquillages, des insectes ou des fleurs, le pauvre qui cueille des fruits sauvages, le passant qui s'empare d'un objet jeté ou abandonné, n'en sont-ils pas regardés par tous comme propriétaires dès qu'ils en ont pris possession? N'est-ce pas la vieille doctrine du droit romain que l'occupation fonde la propriété et cette doctrine n'a-t-elle pas passé dans toutes les législations modernes? *Quod ante nullius est, id naturali ratione occupanti conceditur*, est-il dit dans les Instituts.

Il n'est pas possible qu'une pratique aussi générale sanctionnée par les lois soit une pratique injuste et criminelle. De ce qu'elle a été considérée comme légitime en tout temps et en tout lieu on peut conclure, sans crainte de se tromper, qu'elle l'est réellement.

2° *La théorie de l'occupation a pour elle le droit et la raison.* — En effet, en s'emparant d'un objet *nullius*, fruits, animaux ou champs, avec l'intention d'en jouir à perpétuité et exclusivement, non seulement on ne viole les droits de personne, mais on ne fait qu'exercer un droit que l'on tient soi-même de la nature. — *a*) On ne viole les droits de personne ; car pour violer des droits d'autrui il faudrait que quelqu'un en eut sur ces fruits, sur ces animaux ou sur ces champs et quelqu'un ne peut en avoir ou que parce que l'objet est sien, ou parce que, sans être sien, cet objet est et doit rester bien collectif. Or, d'une part l'objet *occupé* n'est à personne, c'est l'hypothèse, et, d'autre part, il ne doit pas nécessairement rester bien commun, puisque précédemment nous avons vu que tous ces biens, la terre comme les autres, sont susceptibles de devenir régulièrement propriété privée. Loin d'avoir été créés pour rester toujours propriété collective, la plupart de ces biens ont été destinés par la Providence pour être divisés entre les hommes. En s'emparant de ce qui n'a pas de maître, on ne fait donc tort à personne.

b) Non seulement on ne fait tort à personne, mais on exerce un droit qu'on tient de la nature. Nous avons tous le droit d'acquérir des biens extérieurs, et pour être efficace, ce droit doit être concret et déterminé. L'*occupation* n'est que la mise en pratique de ce droit d'acquérir en propre et comme elle ne s'exerce que sur des objets que personne ne peut légitimement revendiquer, elle n'a rien que de raisonnable et de juste. — Bien plus, elle est le *seul* moyen possible de s'approprier originairement certains biens, le sol par exemple, et pourtant l'homme doit pouvoir s'approprier même le sol, donc comme légitime doit être tenu par tous l'unique fait juridique qui permette de le faire utilement et normalement.

V. Objections des Socialistes agraires. — 1° Qu'on ne dise pas avec Henry Georges : « Est-ce que l'hôte qui est arrivé le premier peut occuper toutes les chaises et empêcher les autres invités de prendre part au festin ? Est-ce que celui qui arrive le premier à la porte d'un théâtre a le droit d'empêcher les autres d'entrer et de jouir seul du spectacle (1) ? »

L'objection n'est pas inédite, elle a été formulée il y a beau temps. Cicéron (2) et Saint Thomas (3) l'ont depuis longtemps réfutée. — Celui qui arrive au festin le premier n'a pas le droit de s'emparer de toutes les chaises, pas plus que celui qui vient au théâtre n'est autorisé à garder pour lui seul toutes les places, mais l'un et l'autre ont le droit de choisir leur chaise ou leur place et de l'occuper à l'exclusion de tout autre. Quiconque la leur enlèverait malgré eux commettrait une injustice. Il n'en est pas différemment de la première occupation du sol et des autres biens.

Pour ne parler que de la terre, Dieu l'a créée et l'a donnée à l'homme pour qu'il l'habite, la cultive et en tire de quoi subvenir à ses besoins. Celui qui y parait le premier peut à son gré choisir le lieu de sa résidence et le champ de son activité. Il n'a pas le droit de réserver pour lui seul la totalité du sol, mais de ce sol il peut prendre tout ce qui lui est réellement utile, tout ce qu'il peut faire fructifier. Il peut enclore son terrain, y construire sa maison et dire que l'un et l'autre lui appartiennent. Ceux qui viendront après lui pourront, dans ce qui reste inoccupé, se choisir eux aussi une part, se tailler une propriété; mais ils ne sauraient sans injustice expulser de son champ celui qui est venu d'abord. Il en sera ainsi jusqu'au jour où il ne restera

(1) *Progress and Poverty*, p. 248.
(2) *De Finibus*, cap. 20.
(3) *Summa Theologica*, 2a 2ae, q. LXVI, art. 2, ad 2um.

plus le moindre arpent de terre qui n'ait son propriétaire.

2° Ce jour, objectent les Socialistes agraires, est arrivé, dès maintenant « toutes les chaises sont occupées », impossible de trouver une place vide et cependant il y a toujours des survenants. Que deviendront-ils ? On ne vit que de la terre et il n'est pas le plus petit lopin de terrain qui n'ait déjà son propriétaire ; faut-il admettre que ceux qui arrivent en retard n'auront qu'à mourir de faim à la porte de la salle du festin, qu'à tomber d'inanition aux pieds de privilégiés qui ont tout en abondance et refusent impitoyablement de se serrer pour faire une place à la large table que la nature a dressée pour tous ? Est-ce que tous les hommes n'ont pas un égal droit d'être dans ce monde et par conséquent d'user de la terre comme de respirer l'air ? Ce droit ne découle-t-il pas rigoureusement du droit d'exister ? (1)

Oui, tous les hommes ont un égal droit de vivre ; oui encore la vie ne se sustentant que grâce à la terre, tous les hommes ont le droit de demander à la terre les moyens de subvenir à leurs besoins ; mais heureusement on peut, sans être propriétaire foncier, se procurer les produits du sol nécessaires à la vie. L'industrie, le commerce, les métiers, les lettres, les sciences et les arts fournissent à une infinité d'hommes de très larges moyens d'existence. — D'ailleurs, si l'objection valait, elle porterait non pas seulement contre l'occupation mais contre tout fait attributif de propriété et la conclusion qui s'imposerait serait qu'il n'y a de légitime aucune cause efficiente de propriété, au moins de propriété foncière, ce qui déjà a été démontré faux (2).

De tout ce qui précède on peut conclure d'une manière rigoureuse que l'*occupation* est une cause efficiente de propriété absolument légitime, qu'elle a été le fondement juridique primitif du droit de propriété et que la théologie n'a fait qu'énoncer un principe d'ordre naturel lorsque, s'appropriant la doctrine des juristes anciens, elle a dit elle aussi :

Quod ante nullius est, id naturali ratione occupanti conceditur.

(1) *Progress and Poverty*, p. 243 *passim*.

CHAPITRE V

CARACTÈRES DU DROIT DE PROPRIÉTÉ PRIVÉE

Les caractères du droit de propriété peuvent se ramener à trois principaux. Ce droit est, de sa nature, *exclusif*, *perpétuel*, *transmissible*.

I. Le droit de propriété est de sa nature exclusif. — Le droit de propriété n'est pas seulement attributif, il est encore, et par essence, exclusif ; c'est-à-dire que le propriétaire seul a la possession et l'administration de son bien. Son bien est sa chose personnelle. Il peut absolument interdire aux autres de s'en emparer et leur défendre d'en user sans son consentement, à moins qu'ils ne soient dans un cas de nécessité extrême ou que lui-même n'abuse de sa propriété contrairement aux exigences du bien public. Et encore en abuserait-il au détriment des intérêts de la Société, il n'est pas permis aux individus de se faire justice, il faut une intervention du Pouvoir. Sans cela on ouvrirait la voie à une infinité d'inconvénients et, sous prétexte de réprimer des abus, on arriverait à d'intolérables injustices.

Le propriétaire a le droit de s'opposer à ce qu'un autre retire de sa chose un avantage quelconque alors même que cela ne lui causerait personnellement aucun préjudice. Ainsi, il a le droit d'empêcher son voisin de chasser, de passer sur son champ, alors même que ce voisin n'y commettrait aucun dégât en passant ou en chassant.

Il résulte de là que la propriété d'une même chose ne peut appartenir entièrement et complètement à deux personnes différentes : *duorum in solidum dominium esse non potest*, disait le Droit romain. Une même chose peut bien appartenir à plusieurs personnes *en commun ;* il y aura alors plusieurs copropriétaires, c'est-à-dire plusieurs personnes dont chacune sera propriétaire de la chose pour partie ; mais plusieurs personnes ne peuvent pas être propriétaires de la même chose pour le tout, car, comme le dit Pothier, propre et commun sont termes contradictoires.

Ce principe ne s'oppose pas, comme le fait fort bien remarquer Baudry-Lacantinerie, à ce que le droit de propriété d'une même chose soit réparti entre plusieurs. Ainsi, l'un peut avoir la propriété d'un terrain et d'une maison sise sur ce terrain et un autre la propriété d'un souterrain creusé sous cette maison. Le tréfonds peut appartenir à l'un et la surface à l'autre ; les divers étages d'une maison peuvent être à des personnes différentes ; un terrain étant aménagé en nature d'étang, l'un peut avoir le droit d'évolage et un autre le droit d'assec. Ils ne sont pas copropriétaires ayant sur un même objet des droits identiques ; ils sont propriétaires ayant chacun un droit différent.

II. Le droit de propriété est de sa nature perpétuel. — Certains utopistes, pour mettre un terme aux inégalités sociales qui, disent-ils, deviennent de plus en plus intolérables et criantes, ont imaginé une répartition périodique de la propriété. Tous les vingt, tous les cinquante ou tous les cent ans, par exemple, ceux qui détiennent la fortune seraient obligés de rapporter leurs biens à la masse commune et par les soins de l'Etat le sol serait réparti en portions égales entre les divers membres de la Collectivité. Chacun d'eux aurait le droit de cultiver sa part, de la louer ou de la vendre, d'exercer sur elle, en un mot, jusqu'à la nouvelle distribution, tous les droits d'un vrai propriétaire. Seulement à l'ancienne propriété définitive et perpétuelle, cause de tant d'abus, se trouverait substituée une simple possession temporaire appelée à ramener l'âge d'or sur la terre.

Cette répartition périodique est inadmissible, car elle serait une source de difficultés inextricables, d'injustices monstrueuses et de pertes énormes.

1° *Cette répartition périodique serait une source de difficultés inextricables.* — Le moindre remaniement de l'impôt foncier soulève des difficultés inouïes. En France, depuis plus de vingt ans, quoique la mesure soit reconnue nécessaire, on hésite à procéder à la réfection du cadastre, tant on trouve l'opération délicate ; ce serait bien autre chose s'il fallait diviser le sol entre tous les citoyens, détruire les anciennes limites, en poser de nouvelles, assigner à chacun sa part et cela avec une population qui varie continuellement et des éléments sans cesse renouvelés. C'est une œuvre impossible, mais pourrait-elle être accomplie, elle ne le serait qu'au prix des plus terribles crises et des plus redoutables bouleversements.

2° *Cette répartition périodique serait une source d'injustices monstrueuses.* — Elle prêterait à toutes sortes d'abus de la part des fonctionnaires chargés de la répartition; ils seraient malgré eux invinciblement tentés de favoriser leurs parents, leurs amis et partant que d'occasions de suspicion, de corruption et de mécontentement! Ces partages seraient suivis d'explosions de colère au moins aussi considérables et plus justifiées que celles que provoque actuellement, dans une partie de la classe ouvrière, l'accumulation de la richesse entre les mains de quelques-uns. Ce ne sera pas encore par ce moyen que la paix sociale sera rendue au monde.

3° *Cette répartition périodique serait enfin une source de pertes énormes au point de vue du rendement du sol.* — Même avec la perspective d'une longue jouissance, le détenteur temporaire du sol s'interdirait d'y faire des améliorations, des amendements, des incorporations de capitaux dont il ne serait pas assuré de bénéficier complètement. Cinq ou six ans avec l'époque fixée pour la cession de la propriété, dit Paul Leroy-Beaulieu, on arrêterait toutes les cultures qui demandent plus d'une demi-douzaine d'années pour être rémunératrices. Douze ou quinze ans auparavant, on ne planterait plus de vignes; vingt ou trente ans avant ce délai fatal, on suspendrait la plantation de tous les arbres fruitiers qui demandent un long temps pour donner des récoltes sérieuses; quarante ou cinquante ans avant l'échéance de la dépossession du sol, on renoncerait à faire des semis d'arbres forestiers qui exigent au moins un demi-siècle pour avoir non pas toute leur valeur, mais seulement une partie de leur valeur. Ce serait aussi un tiers de siècle ou un quart de siècle avant le terme de cette possession précaire que cesseraient toutes les dépenses considérables d'amélioration permanente, les barrages pour les irrigations, les desséchements, les constructions coûteuses, etc... et ainsi se trouverait gravement compromise l'agriculture et considérablement diminuée la production. La possession à temps, même la plus longue, n'équivaudrait jamais à la propriété perpétuelle comme stimulant au travail et aux améliorations indispensables du sol (1).

(1) On a beaucoup discuté pour savoir si la perpétuité est ou non de l'essence de la propriété. Les Jurisconsultes romains de l'époque classique avaient poussé jusqu'à la subtilité l'analyse de cette qualité, ils la considéraient comme essentielle, de telle sorte qu'une propriété qu'on voudrait faire temporaire ne serait plus une vraie propriété, ce serait un droit d'une autre espèce,

III. Le droit de propriété est de sa nature transmissible. — Il est transmissible, c'est-à-dire que le propriétaire peut aliéner pendant sa vie les biens qui lui appartiennent soit en les vendant, soit en les échangeant, soit en les donnant et même en disposer après sa mort en les laissant par testament à des parents ou à des étrangers. Le droit d'aliéner pendant sa vie et celui de disposer après sa mort découlent comme conséquences naturelles du droit de posséder ; ils le complètent et lui donnent sa vraie valeur. Sans eux, il se trouverait réduit à des proportions presque ridicules, manquerait de la perpétuité qui lui est nécessaire, perdrait la plus grande partie de son prix et serait incapable d'assurer les avantages pour lesquels il a été institué.

Nous ne dirons rien du droit de *vendre*, et que peu de chose du droit de *donner* par donations entre vifs. Nous nous étendrons un peu plus sur le droit de *tester*, plus particulièrement attaqué, surtout de nos jours.

1° *Du droit de donner.* — Tout le monde accorde qu'on peut légitimement jouir de ce que l'on a produit, qu'on a le droit de s'en servir pour satisfaire ses besoins, ses aises ou ses plaisirs ; s'il en est ainsi, on doit pouvoir le donner. Si celui qui possède trouve son plaisir à partager avec un de ses semblables, s'il goutte une satisfaction à venir en aide à un malheureux plongé dans la misère, sur quoi se baserait-on pour lui interdire d'employer son bien à se procurer cette jouissance, de toutes, la plus noble et la plus douce ? On pourrait manger son bien, le dissiper, quelquefois même le détruire et on ne pourrait pas en faire part à un autre ? Mais ce serait favoriser l'égoïsme le plus monstrueux en même temps qu'enlever à la propriété un de ses plus précieux avantages.

Supposez que quelqu'un produise plus qu'il ne consomme, que fera-t-il de ce surplus, s'il ne lui est pas permis de le donner ? Sa récolte est plus que suffisante

une possession *sui generis.* — Les Canonistes, qui se sont à tant d'égards inspirés du Droit romain, soutiennent tous la même doctrine. — Les Jurisconsultes modernes sont moins catégoriques. Par un arrêt en date du 1er avril 1884, la Cour de Cassation semble reconnaître que le droit de propriété peut n'être que temporaire. Il s'agissait dans l'espèce d'un canal dont la propriété avait été cédée pour soixante-quinze ans. D'un autre côté, il est bien certain que le droit de propriété littéraire ou artistique est temporaire ; il est véritable, et cependant pour des raisons d'utilité publique la loi a limité sa durée.

pour satisfaire ses besoins, faudra-t-il qu'il mange plus qu'il n'a faim, qu'il boive plus qu'il n'a soif, ou qu'il jette l'excédent, et qu'à l'avenir il proportionne mieux sa production à sa capacité de dépense? L'obligera-t-on à capitaliser, à entasser indéfiniment, même ce qui ne peut pas se conserver indéfiniment?

Ne pas permettre à quelqu'un d'user à son gré du surplus de son travail c'est le forcer ou à consommer au delà de ses besoins, ou à capitaliser sans but et sans profit, ou à détruire ce qu'il ne peut employer, ou à diminuer sa production, toutes choses également inadmissibles. Le droit de donner est si évident, qu'il est inutile d'apporter d'autres considérations pour l'établir; le contester, c'est contester le droit de propriété lui-même.

2° *Du droit de tester.* — 1° *Exposé des erreurs.* — *a*) Les *Collectivistes*, ne reconnaissant aux simples particuliers que la faculté de posséder quelques menus objets mobiliers, ne sauraient leur reconnaître la faculté de laisser à d'autres après leur décès des biens qu'ils ont injustement détenus. En 1869 déjà, au Congrès de Bâle, ils disaient : « Le Congrès reconnaît la nécessité de supprimer totalement le droit de tester et considère cette suppression comme une des conditions les plus essentiellement nécessaires à la délivrance des ouvriers. » Et en attendant que, maîtres du pouvoir, ils puissent mettre intégralement ce projet à exécution, les Socialistes marxistes demandent dans leur programme, comme demi-satisfaction, la suppression de tout héritage en ligne collatérale et la réduction à 20000 francs de l'héritage en ligne directe. — D'autres plus modérés dans le fond ou plus habiles dans la forme demandent que la succession ne puisse être dévolue qu'à des parents d'un degré très rapproché et que les droits de mutation après décès, déjà si élevés, soient accrus encore au point de perdre le caractère d'impôts pour revêtir tous les traits d'une spoliation partielle, essai et prélude d'une spoliation générale (1).

b) Les *Socialistes agraires* admettent le droit de léguer, par testament, les biens meubles de toute espèce ; mais ils demandent qu'au fur et à mesure que les détenteurs actuels du sol viendront à mourir, l'Etat s'empare de leurs terres et qu'insensiblement on arrive à la suppression

(1) Projet Barodet présenté à la Chambre en 1893 pour la réduction des degrés de successibilité. — Projet Burdeau, présenté en 1895 au nom du gouvernement, pour l'augmentation des droits de succession.

totale de la propriété foncière privée, cause de tous les maux. Tout au plus quelques-uns parmi eux permettent-ils de léguer la maison qui abrite la famille et le modeste enclos qui l'entoure.

c) Un certain nombre de *Juristes* et d'*Economistes libéraux*, tout en reconnaissant le droit absolu de tester, prétendent que ce droit a sa source, comme la propriété, non dans la Nature, mais dans une Convention humaine ou dans la Loi civile.

2° *Enoncé de la doctrine théologique.* — Les Théologiens et la plupart des Economistes catholiques admettent non seulement que tout homme a le droit de désigner la personne qui devra lui succéder dans la possession des biens qu'il laissera en mourant, mais encore que ce droit vient directement de Dieu et par conséquent est un droit naturel. Les lois humaines n'ont d'autre mission que de réglementer l'hérédité, comme de réglementer la propriété en vue du bon ordre social. — Elles peuvent prescrire certaines formalités, exiger, sous peine de nullité, que les testaments soient entourés de certaines garanties extérieures, mettre certaines restrictions au pouvoir de léguer, frapper les successions de certains droits; mais les pouvoirs publics doivent s'interdire toute ingérence qui n'est pas demandée par le bien général. Ils doivent considérer comme abusif et dangereux tout ce qui est de nature à porter la plus petite atteinte à un droit qui n'est ni moins strict ni moins sacré que le droit de propriété lui-même avec lequel il se confond.

L'expérience qui a été faite en France, depuis que le Code civil est venu limiter la quotité dont les parents peuvent disposer, n'est pas encourageante. Elle a montré que notre loi française a amoindri la puissance paternelle, amené l'instabilité des familles et la dislocation périodique des foyers, créé cette stérilité volontaire des mariages qui constitue actuellement pour notre pays un véritable péril national, produit, en un mot, des inconvénients si nombreux et si graves que les hommes les plus éminents n'hésitent pas à affirmer, après Le Play, que son maintien serait un malheur et que son abrogation s'impose. Les raisons que l'on invoque pour légitimer la législation existante sont loin d'être sans valeur et cependant les résultats qu'elle donne sont déplorables, tant il est vrai que l'on ne méconnaît jamais impunément les droits de la nature.

3° *Démonstration de la doctrine des Théologiens.* — *a) L'homme a le droit de tester.* — Nous avons vu que le propriétaire a le droit de donner ce qui est à lui, comme il a le droit de le vendre ou de l'échanger ; mais pourquoi ce qu'il peut durant toute sa vie ne le pourrait-il au dernier moment de son existence ? Le droit d'instituer un héritier n'est après tout que le droit de donner. Le testament considéré en lui-même ne se distingue de la simple donation qu'en ce qu'il produit son effet seulement après la mort du donateur et transfère au donataire, en même temps que les biens du testateur, ses diverses obligations ; mais ces deux circonstances ne sont que de simples accidents qui n'en altèrent pas la substance.

Le testament, considéré dans son essence, offre tous les caractères d'une donation gratuite conditionnelle. Le testateur, en effet, donne sous ces trois conditions : qu'il pourra, jusqu'à son dernier soupir, révoquer, même sans motif, la donation qu'il vient de faire ; que son héritier n'entrera en possession des choses données qu'à sa mort, et qu'il s'acquittera des legs et autres charges qu'il lui imposera. Une pareille donation n'a rien que de régulier, on ne saurait donc sérieusement contester qu'elle ne soit légitime et valide. Le droit de léguer après sa mort est le corollaire direct du droit de donner et de transmettre entre vifs.

Comme le fait remarquer Baudrillart, dans son *Economie politique*, le don, l'échange, l'héritage se rattachent également au droit de propriété. Celui qui ne pourrait donner la chose qu'il possède n'en serait pas vraiment propriétaire,..... l'héritage est dans le cas du don. Le droit de propriété serait annulé s'il n'impliquait pas le droit d'en disposer, même après décès, en faveur de ses proches ou d'autres personnes librement désignées.

b) Le droit de tester, l'homme l'a reçu de la Nature et non de la Loi. — Le droit de posséder vient de la Nature, or, le droit de tester est une conséquence du droit de posséder, bien plus, il est comme une partie de ce droit, par conséquent comme lui il a son origine dans la Nature et non dans la Loi.

L'homme ne peut tenir de la loi un droit qu'il possédait avant que la loi civile existât pour lui, or, l'homme avant de vivre en société, c'est-à-dire antérieurement à toute loi humaine, se reconnaissait le droit de disposer de ses biens après lui, comme nous le voyons par l'exemple d'Abraham, qui, n'ayant d'autre loi que celle de la *nature*, établit Isaac héritier de la presque totalité de ses biens et ne laisse que de simples dons à ses autres enfants (1).

(1) *Genèse*, xxv, 5.

L'homme a reçu de la nature tout ce dont il a besoin pour remplir les devoirs qu'elle lui a imposés et donner satisfaction aux légitimes inclinations qu'elle lui a mises au cœur. Comme le fait remarquer Léon XIII « la nature impose au père le devoir de nourrir et d'entretenir ses enfants, » elle lui « inspire de se préoccuper de leur avenir et de leur créer un patrimoine qui les aide à se défendre dans la périlleuse traversée de la vie contre les surprises de la mauvaise fortune. Mais ce patrimoine pourra-t-il le leur créer sans la possession de biens permanents qu'il puisse leur transmettre par voie d'héritage ? (1) » — C'est l'argument de saint Thomas qui nous dit :

« Le père est le principe du fils et le fils est le descendant et le rejeton du père, conséquemment, c'est une chose *due par elle-même* que le père aide son fils. Il doit donc lui procurer des secours, non pas seulement dans telle ou telle circonstance, mais pour toute la vie, et l'on comprend qu'il ne saurait le faire sans lui amasser des biens (2)..... La nature, ayant donné au père le désir et le devoir de subvenir aux besoins futurs comme aux besoins présents de ses enfants, a dû lui en fournir le moyen, et ce moyen n'est autre que le droit de leur laisser après sa mort les richesses qu'il a thésaurisées pour eux. »

On reproche souvent à l'hérédité d'être immorale, parce que, dit-on, elle permet aux enfants de vivre dans l'oisiveté aux dépens du travail du père. « C'est une féodalité déguisée, un privilège abusif consacrant la jouissance des oisifs au préjudice des travailleurs. » Thiers répond ainsi à cette objection : « L'homme, n'ayant plus que lui-même pour but, s'arrêterait au milieu de sa carrière, dès qu'il aurait acquis le pain de sa vieillesse, si, de peur de produire l'oisiveté du fils, vous commenciez par ordonner l'oisiveté du père ! Mais est-il vrai, d'ailleurs, qu'en permettant la transmission héréditaire des biens le fils soit forcément un oisif, dévorant, dans la paresse et la débauche, la fortune que lui légua son père ? Premièrement, le bien dont vivra l'oisiveté supposée de ce fils, que représente-t-il après tout ? Un travail antérieur, qui aura été celui du père, et, en empêchant le père de travailler pour

(1) Ency. : *Rerum novarum.*

(2) « Quia pater habet rationem principii, filius autem habet rationem a principio existentis ; ideo per se patri convenit ut subveniat filio et non solum ad horam debet ei subvenire sed ad totam suam vitam quod est thesaurizare... » *Sum. theol.*, IIa 2æ, q. CI, art. 2, ad 2.

obliger le fils à travailler lui-même, tout ce que vous gagnerez c'est que le fils devra faire ce que n'aura pas fait le père. Il n'y aura pas eu un travail de plus. — Dans le système de l'hérédité, au contraire, au travail illimité du père se joint le travail illimité du fils, car il n'est pas vrai que le fils s'arrête parce que le père lui a légué une portion plus ou moins considérable de biens. D'abord, il est rare que le père lègue à son fils le moyen de ne rien faire ; ce n'est que dans le cas d'extrême richesse qu'il en est ainsi. Mais, ordinairement, dans la plupart des professions, ce n'est qu'un point de départ plus avancé que le père ménage à son fils en lui léguant son héritage. Il lui a donné de quoi travailler avec de plus grands moyens, d'être fermier quand lui n'était que valet de ferme, ou d'être banquier quand lui n'a été que petit escompteur ; ou bien de changer de carrière et de s'élever de l'une à l'autre, de devenir notaire, avocat, médecin. De même qu'il songeait à ses enfants et, à cette idée, devenait infatigable ; de même son fils songe à ses propres enfants, et, à cette idée, devient infatigable à son tour. Dans le système de l'interdiction de l'hérédité, chaque génération, bornée dans sa fécondité, n'aurait donné qu'une partie de ce qu'elle avait en elle et se serait interrompue au quart, à la moitié du travail dont elle était capable. Dans le système de l'hérédité des biens, au contraire, le père travaille tant qu'il peut jusqu'au dernier jour de sa vie. Le fils, qui était sa perspective, en trouve une dans ses propres enfants et travaille pour eux comme on a travaillé pour lui, ne s'arrête pas plus que ne s'est arrêté son père ; et tous, penchés vers l'avenir, comme un ouvrier sur une meule, font tourner, tourner sans cesse cette meule d'où s'échappe le bien-être de leurs enfants et non seulement la prospérité des familles, mais celle du genre humain. »

3° *La dévolution des biens d'un intestat à ses enfants est de droit naturel.* — Lorsque quelqu'un meurt intestat, c'est-à-dire, sans avoir fait testament et désigné un héritier, ses biens de droit naturel reviennent à ses enfants : parce que, disent les uns, on peut présumer légitimement que telle est la volonté du défunt et qu'il existe comme une sorte de testament tacite ; — parce que, prétendent plus justement, peut-être, les autres, les enfants sont une continuation naturelle du père qui, les ayant formés de sa propre substance, se survit en eux. Ne faisant qu'un avec lui, ils participent, pour ainsi dire, à la propriété de ses biens, ils sont ses copropriétaires, aussi le père venant à mourir, le propriétaire ne meurt pas tout entier puisqu'il reste les enfants ; ils avaient déjà part à cette propriété qui, tout en étant individuelle, est aussi une propriété domestique ou familiale (1). Il n'y aurait pas transmission, il n'y aurait pour ainsi dire que continuation. C'est ce qui fait que les jurisconsultes appellent les fils : *hæredes sui*, héritiers d'eux-mêmes.

Quand celui qui décède sans avoir fait de testament ne laisse pas d'enfants, ses biens vont à ses parents les plus rapprochés. Il serait difficile d'établir que c'est en vertu du droit naturel et l'on peut, à la rigueur, admettre que, sur ce point, c'est la loi qui a créé le droit surtout quand il ne s'agit que de collatéraux : parents à un degré un peu éloigné.

Beaucoup voudraient que tous les biens, dont les propriétaires n'ont pas disposé avant leur mort, aillent grossir le patrimoine social et augmenter le domaine de l'Etat. L'Etat serait l'héritier naturel de tous ceux qui n'en ont pas institué, surtout quand ces intestats ne laissent pas, après eux, d'enfants ou de proches parents. « Le système le plus rationnel, dit Gide, serait qu'à notre mort, et à défaut de toute personne à laquelle nous aurions délégué notre droit, nos biens retournent grossir ce patrimoine social d'où ils sont, dans une certaine mesure, sortis (2). » Cette doctrine a séduit un certain nombre d'Economistes, on l'enseigne jusque dans les chaires de nos Facultés officielles ; mais elle est dangereuse et constitue un acheminement vers le Socialisme d'Etat, contre lequel on ne se tiendra jamais trop en garde. On doit cependant reconnaître que l'Etat, si le bien public le demandait, aurait le droit de réduire les degrés de parenté qui permettent d'hériter *ab intestat*. Il est désirable qu'il n'use de ce droit qu'avec une extrême modération, car il est, aujourd'hui plus que jamais, périlleux de prendre des mesures qui peuvent sembler porter, ne serait-ce qu'une atteinte légère, à une institution aussi sacrée et aussi attaquée que la propriété privée.

(1) Si l'on considère le caractère social de la propriété, la fortune domestique est évidemment, par sa fin principale, un bien de famille.

(2) *Principes d'Economie politique*, p. 469.

CHAPITRE VI

ÉTENDUE DU DROIT DE PROPRIÉTÉ PRIVÉE

I. Exposé de la question. — Le droit de propriété privée est un droit incontestable, et tout homme venant à la vie tient de la nature la faculté d'acquérir des biens, de les posséder en propre et d'en jouir exclusivement à tout autre. Il a divers moyens d'utiliser cette faculté et de faire siens les objets susceptibles d'appropriation. Il s'en rend maître par achat, échange, donation, travail ou première occupation et quand il les a ainsi régulièrement acquis personne ne saurait, sans injustice, ni les lui ravir, ni lui en contester l'usage, ni lui en disputer les fruits. Il peut s'en servir et en disposer, son droit est réel, sacré, indéniable, exclusif, mais est-il *plein* et *illimité?* Le propriétaire est-il libre d'employer son bien à sa guise, de le dépenser comme il l'entend, d'en faire l'usage qu'il lui plaît, de le gaspiller inutilement s'il y trouve son plaisir, pourvu qu'il ne l'emploie pas à des actes mauvais de leur nature et défendus par la loi soit divine soit humaine? Ou bien est-il tenu de s'en servir conformément aux vues de la nature et aux desseins de la Providence? Peut-il se considérer comme un maître absolu ou doit-il se regarder comme une sorte de légitime détenteur de biens grevés de charges, biens qui lui appartiennent véritablement mais auxquels il est obligé de donner la destination voulue par Dieu?

Ne serait-il pas même seulement un économe, un intendant de la Providence; bien plus, un simple délégué, une espèce de fonctionnaire établi par la Société pour mettre en exploitation, dans l'intérêt de tous, une partie du patrimoine commun de l'humanité? En un mot, quelle est exactement l'étendue des droits que confère la propriété à celui qui la détient justement, tel est le difficile problème que nous avons maintenant à résoudre. La question est d'autant plus délicate que les avis sont plus partagés.

II. Enumération des opinions. — Parmi ceux qui admettent la légitimité de la propriété privée, les uns s'en font une conception amoindrie, ils ne voient que les devoirs et les charges, ils restreignent, presque jusqu'à les supprimer, les droits qu'elle confère; — d'autres, beaucoup plus nombreux, exagèrent au contraire démesurément ces droits et arrivent à rendre la propriété odieuse, parce qu'ils légitiment ses abus les plus criants ; — d'autres enfin, s'inspirant de l'Evangile, essaient de se tenir entre ces deux excès et de faire équitablement la part des droits et des devoirs. On peut donc ramener à trois les opinions émises sur la matière.

1° *Théorie amoindrissant le droit de propriété.* — Ses partisans, avec le professeur Gide, veulent que la propriété ne soit qu'une simple fonction sociale. « Nous avons admis la propriété foncière comme une institution indispensable pour amener la production agricole à son plus haut degré de développement et pour tirer le meilleur parti de la terre. Nous avons été ainsi amenés à considérer les propriétaires comme investis d'une véritable fonction sociale, comme des administrateurs auxquels la société a confié l'exploitation du sol en leur abandonnant à titre de rémunération définitive et absolue tout ce qu'ils réussiraient à produire (1). »

Un certain nombre d'esprits, même parmi les catholiques, semblent s'être laissé séduire par cette conception. Mais comme le terme de *fonction sociale* est vague et peut prêter à de regrettables malentendus, il importe de le préciser. En disant que la propriété privée est une fonction sociale, on peut entendre simplement que la propriété a reçu de la nature une fin sociale ; que Dieu a confié, à celui qui la détient, une sorte de mission, qu'il lui a donné des devoirs particuliers envers ses semblables ; que la Providence a établi la propriété privée avant tout comme moyen efficace et sage de procurer le plus grand bien de la Société. Tout cela est exact, mais ne fait pas assez ressortir la vraie notion de la propriété Elle confère une fonction sociale à son dépositaire, mais elle n'est par elle même qu'une pure fonction sociale. En disant que la propriété privée est une fonction sociale, on peut vouloir signifier aussi que ceux qui possèdent sont seulement investis d'une fonction par la Société, qu'ils sont ses délégués, ses employés, ses tenanciers ; qu'ils sont « de simples administrateurs auxquels la Société a confié l'exploitation du sol en leur abandonnant à titre de rémunération définitive et absolue tout ce qu'ils réussissent à lui faire produire. » Cette conception de la propriété, qui semble bien être celle de Gide malgré les expressions vagues dont il se sert volontairement peut-

(1) Gide. — *Principes d'Economie politique*, p. 569.

être, cette conception se rapproche beaucoup de la conception socialiste : elle réduit le rôle de propriétaire à celui de simple métayer de l'Etat.

2° *Théorie exagérant le droit de propriété.* — Ceux qui la soutiennent voient, dans le droit de propriété privée, un droit *absolu, sans contrôle et sans limite.* Ils reconnaissent au propriétaire non seulement le *jus utendi et fruendi*, mais encore le *jus abutendi* en donnant au mot *abutendi* le sens d'abus, de mésusage qu'il n'a pas dans le langage juridique ; c'est-à-dire qu'ils reconnaissent au propriétaire le droit de faire de sa chose tout ce qu'il veut, de l'utiliser ou de la garder sans emploi, d'en exploiter la fécondité ou de la maintenir dans la stérilité, d'en entretenir la vitalité ou de la laisser périr, de la conserver ou de la détruire, en un mot d'en user en maître souverain qui ne doit des comptes à personne.

Cette vieille théorie empruntée au droit païen a été consacrée par le Code français qui appelle la propriété : « le droit de jouir et de disposer des choses de la manière la plus absolue pourvu qu'on n'en fasse pas un usage prohibé par les lois et par les règlements ». Elle avait été admise par tous les jurisconsultes romains et par tous les légistes du Moyen-Age. Aujourd'hui, elle est enseignée dans les Ecoles de Droit et acceptée comme incontestable par les Juristes, les Economistes libéraux et même quelques rares Théologiens.

Pour la *propriété foncière*, les partisans de cette théorie admettent l'ancien *jus Quiritium* dans toute son étendue et avec toutes ses conséquences. Le maître d'un domaine peut donc jouir de sa terre à sa guise, la labourer ou la laisser en friche, lui demander une récolte ou en faire un terrain de chasse. Il n'a pas à tenir compte de ce que exigeraient les intérêts de la société ; ces intérêts auraient-ils à souffrir de la manière dont il administre son bien, il n'est pas obligé de s'en préoccuper. La notion de propriété implique avant tout et presqu'exclusivement l'idée de jouissance personnelle. Le propriétaire a le droit d'empêcher les autres, même placés dans la nécessité et disposés à payer une redevance, de cultiver les parties de son domaine qu'il ne veut pas ou qu'il ne peut pas cultiver lui-même.

Pour les *revenus* que produisent les biens, meubles et immeubles, la théorie est la même. Elle reconnaît au propriétaire le droit absolu d'en disposer à son gré. Il peut les employer à subvenir à ses légitimes besoins, les gaspiller en dépenses inutiles ou les accumuler indéfiniment. Il a la libre disposition de son superflu comme de son nécessaire et il ne viole les droits de personne en en faisant l'usage qu'il lui plaît. C'est son bien ; les besoins de ceux qui l'entourent ne sauraient poser des limites réelles à son droit ; s'il vient à leur aide, il fait un acte de charité facultative, on ne peut le lui imposer comme l'accomplissement d'un devoir strict et rigoureux. « En vertu de cette théorie, dit Jannsen, tout individu a la liberté et le droit de chercher exclusivement son propre intérêt ou son propre plaisir. N'étant nullement tenu d'avoir égard au bien général et à l'intérêt des autres, il n'a pas à se préoccuper de la ruine à laquelle il peut les exposer. Pour lui, la base et le titre de propriété ne sont plus, comme l'enseigne le droit chrétien, un pouvoir moral exercé sur les biens de la terre pour servir des intérêts élevés. La propriété n'est qu'une domination physique dont l'étendue est uniquement déterminée par la volonté du propriétaire. »

3° *Théorie moyenne ou vraie théorie chrétienne du droit de propriété.* — A l'égoïste et immorale conception du droit de propriété, que nous venons d'exposer, l'Eglise catholique en oppose une plus vraie, plus généreuse, plus humaine, plus chrétienne, la seule qui soit vraiment acceptable. Elle reconnaît que le droit de propriété privée est un droit *réel*, mais elle conteste absolument que ce soit un droit *absolu* et sans *limite*. Elle affirme qu'il est *par la nature même grevé de charges et tempéré par des devoirs.* C'est la doctrine de saint Thomas et de tous les grands théologiens. Léon XIII l'a consacrée dans son Encyclique, et cette théorie, qui est la négation même de la fausse théorie païenne, est aujourd'hui acceptée par la presque totalité des catholiques, qui s'occupent d'études sociales. Ils reconnaissent que nul n'a sur ce qu'il possède, même légitimement, un droit de propriété sans restriction. Il ne lui est jamais permis d'en disposer selon son seul caprice et de faire abstraction du bien social, comme si ce qu'il possède n'était pour lui qu'un moyen de donner satisfaction à sa soif de jouissances et à son besoin de domination. Il n'a pas reçu ses biens uniquement pour s'accorder une plus grande somme de satisfactions ; il doit, conformément aux vues de Dieu, les faire servir en même temps qu'à son avantage à l'utilité de tous.

L'École sociale catholique distingue, avec saint Thomas, un double droit de propriété : — un droit essentiel et complet qui ne peut appartenir qu'à Dieu ; — un droit dérivé, subordonné, qui est accordé à l'homme. L'homme n'est pas le propriétaire absolu de ses biens, il en est, en quelque sorte, seulement le gérant. Dieu lui en a simplement abandonné la possession et l'administration. Par conséquent, il ne saurait être question pour l'homme d'un droit illimité, du droit de faire de ses richesses ce qu'il lui plaît. Il a le devoir, au contraire, d'user toujours des biens qu'il tient de Dieu comme un administrateur fidèle. Il doit s'inspirer avant tout des vues de Celui qui les lui a confiés, car Celui qui les lui a confiés en demeure le maître souverain et lui demandera un compte rigoureux de l'usage qui en aura été fait.

Or, la terre, dans les desseins de Dieu, est destinée à fournir à *tous* les hommes ce dont ils ont besoin pour s'entretenir et vivre. Elle est la nourricière du genre humain. « Voici, dit le Seigneur, je vous donne toute herbe portant de la semence et qui est à la surface de toute la terre et tout arbre ayant du fruit et portant de la semence, ce sera votre nourriture (1) ».

Il n'est donc permis à personne de détourner la terre de sa naturelle destination et si, pour subvenir aux besoins de la société, il est nécessaire que telle ou telle partie du sol soit livrée à la culture, le propriétaire peut être exceptionnellement contraint de la travailler, alors même qu'il trouverait son avantage à la laisser inculte.

L'Ecole catholique n'est pas moins en opposition d'idées avec l'Ecole d'Economie politique classique sur la question de l'emploi des *revenus* que sur la question de l'usage *des propriétés*. Tandis que l'Ecole classique autorise le propriétaire à faire de ses revenus comme de ses autres biens tout ce qu'il veut, l'Ecole catholique lui rappelle, en s'appuyant sur la théologie, qu'il n'a droit qu'au *nécessaire* pour lui et les siens et que le *superflu* appartient tout entier aux pauvres. Toujours avec saint Thomas, elle distingue, dans les biens temporels, la possession de l'usage. Comme le grand docteur, elle reconnaît qu'il est permis à l'homme de posséder en propre des biens, meubles ou immeubles, que cette possession est même nécessaire socialement ; mais que l'*usage* de ces divers biens n'est pas personnel et exclusif, qu'il reste commun à tous, de sorte que quiconque possède doit être dans la disposition de faire part, à ceux qui sont dans le besoin, des choses qui lui appartiennent.

Cette distinction fondamentale entre la juste possession des richesses et leur usage légitime a été rappelée par

(1) *Genèse*, ch. I, v. 29.

Léon XIII qui s'est servi des expressions mêmes de saint Thomas : « *Circa rem exteriorem duos competunt homini : quorum unum est potestas procurandi et dispensandi : et quantum ad hoc licitum est quod homo possideat ; est etiam necessarium ad humanam vitam....... Aliud, vero, quod competit homini circa res exteriores est usus ipsarum : et quantum ad hoc non debet homo habere res exteriores ut proprias sed ut communes ; ut scilicet de facili aliquis eas communicet in necessitate aliorum : unde Apostolus dicit ad Timotheum : « Divitibus hujus sæculi præcipe facile tribuere, communicare de bonis* (1). »

Dans un autre passage de sa Somme théologique, l'Angélique Docteur dit encore : *Bona temporalia, quæ homini divinitus conferuntur, ejus quidem sunt quantum ad proprietatem ; sed quantum ad usum non solum debent esse ejus, sed etiam aliorum, qui ex eis sustentari possunt ex hoc quod ei superfluit* (2).

En résumé, la doctrine des catholiques sur la matière qui nous occupe peut se ramener aux cinq points suivants :

a) Le droit de propriété complet, absolu, illimité n'appartient qu'à Dieu ;

b) Le droit de l'homme quoique réel et véritable est, avant tout, un simple droit de possession et d'administration ;

c) Pour cette administration, l'homme est rigoureusement tenu de se conformer à l'ordre établi par Dieu ;

d) La possession et l'administration des biens légitimement acquis appartient exclusivement au propriétaire ; mais la destination de ces biens est et demeure toujours bien social-commun ;

e) Donner son superflu à ceux qui sont dans le besoin n'est pas un pur acte de charité facultative ; c'est un acte de charité rigoureusement obligatoire.

III. Réfutation de la théorie de Gide. — Cette théorie est *vague*, *dangereuse* et *fausse*.

1° *Elle est vague* : L'expression de fonction sociale, dont Gide se sert, manque de précision et c'est son moindre défaut. On peut lui donner des sens très divers, et lorsque l'on a lu les explications fournies par ceux qui l'emploient, on est loin d'être renseigné sur la véritable signification qu'il faut lui attribuer. Elle prête aux interprétations les plus variées et les plus contradictoires.

(1) *Somme théol.*, IIa, 2ae ; q. LXVI, art. 2.
(2) *Somme théol.*, 2a, IIae, q. XXXII, art. 5, ad. 2.

Avec un peu de bonne volonté, on peut l'interpréter de façon à sauvegarder, au moins à peu près, les droits essentiels de la propriété et à donner une suffisante satisfaction à ceux qui considèrent la propriété individuelle comme la base nécessaire de tout ordre social ; mais on peut aussi très aisément l'interpréter de manière à la rendre acceptable pour les Collectivistes les plus avancés. Son premier inconvénient, c'est de n'avoir pas la netteté nécessaire et d'ouvrir la voie aux plus fâcheuses équivoques.

2° *Cette théorie est dangereuse.* — Elle est dangereuse d'abord à cause de son imprécision. A une époque où la propriété est en butte aux plus violentes attaques, où de toute part on conteste et on restreint ses droits, il importe de s'attacher aux principes et d'éviter de faire au Collectivisme des concessions dont il abuserait. C'est fournir à nos adversaires des armes que d'employer, en matière si importante, des termes ambigus qu'ils pourront interpréter à leur avantage et sur lesquels ils pourront s'appuyer pour établir leurs subversives doctrines.

Elle est dangereuse ensuite à cause des conséquences pratiques qu'on est en droit d'en tirer. Si la propriété est seulement une fonction sociale le propriétaire n'est qu'un fonctionnaire, qu'un employé, un fonctionnaire, un employé d'une catégorie spéciale si on veut, mais enfin, un simple fonctionnaire malgré toute de la société qui l'a nommé et dont il tient tous ses pouvoirs. Comme les autres fonctionnaires, il peut être révoqué, remercié, destitué par ceux qui l'ont établi et, si on n'est pas content de ses services, on est en droit de donner sa place à un autre. Qui ne voit qu'une pareille doctrine ouvre la porte à tous les abus et tend à légitimer l'expropriation collectiviste ?

3° *Cette théorie enfin est fausse.* — Elle est fausse car elle restreint jusqu'à le supprimer le droit de propriété privée ; elle est fausse, car si elle était admise, il faudrait conclure que ce droit de propriété vient de la société qui investit les particuliers de la fonction et les établit administrateurs de telle ou telle partie de la fortune publique. Or, il a été démontré que c'est directement de Dieu et de la nature que l'homme tient le droit de posséder en propre. Pour exercer ce droit, il n'a besoin de la délégation de personne ; il administre des biens qui sont à Dieu et non pas à la Société, celle-ci ne lui a donné aucune investiture et ne peut pas le considérer comme son employé et son tenancier.

La propriété a un rôle social, des devoirs sociaux, une fonction sociale, mais elle n'est pas, nous l'avons déjà dit, une fonction sociale.

IV. **Réfutation de la théorie classique du droit absolu et illimité.** — Cette théorie est antichrétienne et antinaturelle, elle a été toujours rejetée par l'Eglise et jamais aucun pouvoir public ne l'a pratiquement admise.

1° *Cette théorie est antichrétienne.* — Le christianisme nous enseigne que nous sommes tous fils d'un même père et que membres d'une même famille, nous nous devons mutuellement amour et assistance. Il rappelle sans cesse aux riches l'obligation de venir en aide aux pauvres, il flétrit l'égoïsme, recommande avec force l'oubli de soi, le mépris des jouissances, le sacrifice de ses aises et de ses convenances, il prêche à tous la charitable préoccupation de procurer le soulagement des autres et le constant souci d'assurer leur bien-être.

L'esprit du christianisme est essentiellement un esprit de fraternité bienfaisante, de dévouement généreux, de miséricordieuse compassion, d'altruisme dans le sens le plus élevé du mot. Pour lui « quiconque a reçu de la divine bonté une plus grande abondance soit des biens externes et du corps, soit des biens de l'âme les a reçus dans le but de les faire servir à son propre perfectionnement et tout ensemble, comme ministre de la Providence, au soulagement des autres. C'est pourquoi quelqu'un, comme dit saint Grégoire-le-Grand, a-t-il le talent de la parole, qu'il prenne garde de se taire ; une surabondance de richesses, qu'il ne laisse pas la miséricorde s'engourdir au fond de son cœur ; l'art de gouverner, qu'il s'applique à en partager avec son frère et l'exercice et les fruits (1). »

Rien n'est plus opposé à ces principes que la conception toute païenne d'un droit de propriété absolu et illimité qui permet à quelques privilégiés de s'offrir sans scrupule toutes les satisfactions, de nager dans l'abondance, de gaspiller du superflu, sans avoir à s'occuper d'une infinité de malheureux qui, à côté d'eux, manquent du nécessaire et sont condamnés aux plus dures privations. Un pareil système basé sur l'égoïsme se trouve en contradiction absolue avec l'esprit du Christ et les doctrines de son Eglise.

2° *La théorie du droit absolu est antinaturelle.* — Cette théorie, comme le dit l'illustre archevêque de Mayence,

(1) Léon XIII : Encyclique : *Rerum novarum.*

Ketteler, dans son premier sermon sur la propriété, est un crime perpétuel contre la nature, car elle trouve parfaitement juste de détourner pour la satisfaction de quelques-uns ce que Dieu a destiné à la nourriture et aux vêtements de tous. Elle est un crime encore contre la nature parce qu'elle tend à éteindre les plus nobles sentiments dans le cœur des hommes et à y développer la dureté, l'indifférence, l'insensibilité à l'égard de la misère humaine.

Comme « l'abîme appelle l'abîme », de même un crime contre nature appelle un autre crime. C'est la mise en pratique de ce droit faux de propriété qui a amené une réaction violente et donné naissance au Socialisme, dont elle légitime en partie les attaques. Ce sont les abus du régime qui ont fait jusqu'ici le succès des adversaires de la propriété.

Si au lieu de laisser la terre en commun la Providence a voulu qu'elle fut partagée, c'est uniquement pour mieux développer par ce moyen les utilités, les ressources qu'elle renferme ; c'est pour obtenir plus abondant ce qui est nécessaire à l'humanité. En agissant de la sorte, elle a eu en vue avant tout non le bien individuel du Propriétaire mais le bien commun de la Société. C'est donc méconnaître toutes les intentions du créateur, que d'affirmer que la notion de propriété implique principalement une idée de jouissance personnelle et que d'autoriser un particulier à garder pour lui seul ce qui a été destiné à tous. Evidemment la propriété a pour fin de fournir à l'homme, individu ou famille, les moyens nécessaires à son développement physique et moral, mais elle a pour fin aussi d'assurer le bien général et de servir à la commune utilité de tous. Ces deux fins ne s'excluent pas, elles se complètent et se confondent, elles sont aussi sacrées l'une que l'autre, en sacrifier une, c'est compromettre l'autre et méconnaître les vœux de la nature.

3° *La théorie du droit absolu n'a jamais été admise par l'Eglise* (1). — Pour s'en convaincre, il n'y a qu'à considérer la conduite des papes à l'égard des grands propriétaires de la campagne romaine, depuis le Moyen-Age jusqu'à nos jours. Ces propriétaires, maîtres des immenses domaines qui s'étendaient autour de Rome, laissaient souvent leurs terres incultes parce qu'ils y trouvaient leur avantage. Au lieu de les cultiver, ils en faisaient des pays de chasse ou les transformaient en

(1) Cf. Gabriel Ardant. — *Papes et Paysans.*

vastes pâturages. L'élevage leur fournissait des bénéfices plus considérables que le labour, mais il avait le très grave inconvénient d'enlever à une partie de la population la possibilité de vivre. Le sol ne produisait plus assez de grain pour nourrir ses habitants.

Rompant avec tous les errements du Droit romain; les Papes prennent des mesures minutieuses et énergiques. Ils règlementent l'emploi que l'on fera de la terre, ils imposent de fortes amendes à ceux qui enfreignent leurs prescriptions, ils vont même jusqu'à autoriser le premier venu à défricher, à son profit, les champs qui, au détriment du bien social, ne sont pas cultivés par leurs légitimes propriétaires.

Dès 1241, Clément IV permet à tout étranger de cultiver le tiers d'un domaine que son propriétaire s'obstine à laisser en friche.

Deux siècles plus tard Sixte IV décrète : « qu'il sera permis à l'avenir et toujours à tous et à chacun de labourer et d'ensemencer dans le territoire de Rome et du patrimoine de Saint-Pierre aux époques voulues et habituelles un tiers des champs incultes, à leur choix, quelqu'en soit le propriétaire : monastères, chapitres, églises, ou lieux consacrés ou personnes privées ou publiques de tout état et de toute condition, pourvu que, même sans l'obtenir, on en ait demandé la permission. »

Clément VII, dans un « motu proprio » de mars 1523 confirmait la mesure de Sixte IV et après avoir rappelé les décisions de son prédécesseur, il ajoutait (1) : « ainsi le

(1) Clément VII rapporte ainsi la mesure de Sixte IV. «Sane licet dudum fel. record. Sixtus papa IV prædecessor noster, attendens quod a pluribus tunc retroactis annis, omnis regio dictæ Almæ Urbis finitima frequenter habuerat steriles frumentorum et bladorum proventus cum gravi populorum in ea degentium jactura et afflictione; et considerans id præter et ultra naturalem cœli cursum et dispositionem potissime etiam provenire ex raritate culturæ agrorum, qui propter aliquam forte majorem utilitatem inde provenientiem eorum domini potius servabantur inculti, ut essent animalibus brutis in pascua quam colerentur, aut coli sinerentur in alimentum et sustentationem hominum per suas litteras statuerat et ordinaverat quod ex tunc deinceps, perpetuis futuris temporibus liceret omnibus et singulis agros arare et colere volentibus in prædictæ Urbis nostræ territorio et Patrimonii B. Petri in Tuscia ac Campaniæ maritimæ rumpere et arare ac colere, alias debitis et consuetis temporibus, tertiam partem uniuscujusque tenimenti seu tenutæ, quam eligendam duceret, petita tamen, licet non obtenta, eorum ad quos spectaret licentia...»

tiers de toutes les terres entre les mains de tenanciers de toutes les propriétés, de toutes les campagnes situées sur le territoire romain, le Patrimoine de Saint-Pierre, le littoral de la Campanie et des terrains s'étendant à vingt milles aux alentours, appartenant aux Eglises, aux monastères, aux hospices, à la chambre apostolique, à des barons, à des nobles, à des citoyens romains, à des gens de toute condition, de toute dignité, même cardinaux, même prélats, même commandataires, ou quels que soient leurs maîtres, de quelque rang ecclésiastique ou laïque qu'ils jouissent, devra sans qu'aucune prohibition puisse intervenir, être chaque année labouré, ensemencé et entretenu pour la récolte du blé à partir du jour de la publication des présentes lettres ; et il sera permis à quiconque le voudra de prendre en mains ce tiers pour le cultiver, sous cette réserve cependant, que si les propriétaires eux-mêmes veulent le cultiver ou le faire cultiver, ils ne peuvent être dépossédés de ce droit pourvu qu'ils apportent à la ville le blé ainsi produit par leur travail, mais pour ceux qui se refuseraient à la culture il sera permis à tous les citoyens de cette ville ou autres de prendre le tiers de leurs terres, dans toute l'étendue de la campagne romaine, à leur gré et où il leur semblera le plus avantageux, sans qu'on puisse leur opposer aucun empêchement, sous peine d'une amende de cinq cents ducats d'or de notre monnaie, encourue chaque fois qu'il y aura eu prohibition de labourer, entretenir ou faire entretenir ces terres. Ceux qui les laboureront auront en outre le droit de faire paître leurs bœufs de travail. Ils ne seront pas tenus de donner une redevance en argent, mais seulement à abandonner la cinquième partie des grains récoltés (1). »

(1) Deux siècles plus tard, en juin 1741, le pape Benoît XIV se trouvant à Castel Gandolfo reçut la visite d'un certain nombre de pauvres de la campagne romaine. Ils se plaignaient que les propriétaires les empêchaient de glaner dans leurs champs, afin de laisser la glane à leur bétail. Dès l'année suivante, le 22 mai 1742, le Souverain Pontife publia sur le glanage et le grapillage un décret dans lequel il rappelait les prescriptions données autrefois aux Juifs par le Seigneur, et enjoignait aux évêques et aux curés de veiller à ce que les propriétaires laissassent toute liberté aux malheureux. — Ce décret n'ayant pas produit l'effet attendu, Benoît XIV en promulgua un second le 17 mai 1751. Il y ordonne qu'il soit permis aux pauvres de glaner dans tous les champs des Etats de l'Eglise pendant dix jours après que les gerbes auront été enlevées. Chaque contravention des propriétaires sera punie d'une amende de 30 écus

Pie VI disait à son tour dans son « motu proprio » au 25 janvier 1783 « Une des plus grandes sollicitudes de notre gouvernement temporel, dont nous avons été investi avec la dignité pontificale par la divine Providence est de veiller de toutes nos forces, suivant en cela les exemples de nos prédécesseurs, à la conservation de l'art si nécessaire de l'agriculture, non seulement pour l'avantage commun de nos sujets, mais encore pour maintenir l'abondance dans notre ville de Rome.

Mais considérant que malgré tous les efforts tentés jusqu'à ce jour, dans ce but si louable, nous voyons encore les campagnes voisines et surtout celles de l'agro-romano, beaucoup moins cultivées qu'elles ne pourraient l'être en raison de leur étendue et de leur fécondité naturelle, nous nous décidons de nouveau à tenter une aussi intéressante entreprise... Dans le but d'éviter qu'on néglige d'exécuter dans chaque propriété, relativement à la quantité à ensemencer, les prescriptions de la Constitution de notre prédécesseur Clément VII, nous ordonnons que, dans le cas où le propriétaire, le fermier ou le colon aurait manqué en tout ou en partie à ladite obligation, il soit permis à quiconque, de n'importe quelle qualité, grade ou condition, même à un étranger n'habitant pas notre domaine pontifical, de labourer et d'ensemencer le quartier ou la portion de quartier qui, devant être labourée selon les prescriptions du cadastre aura été abandonnée, et ce, sans aucun paiement ni en grains ni en argent. Les propriétaires, fermiers ou colons de la possession sont en outre obligés de prêter gratuitement le pâturage suffisant à la culture de ce terrain, ainsi que les greniers et les abris... Ensuite de notre ordre suprême nous avertissons chaque propriétaire ou usufruitier des possessions de la campagne romaine que, dans les actes de location ou autres contrats, qui seront faits dorénavant, ils ne peuvent introduire, sous peine de caducité de la possession et du domaine des fonds et terrains respectifs, aucun pacte ni aucune convention qui soit contraire à notre décret (1). »

à distribuer entre les pauvres du lieu, et crée ainsi une *servitude* qui vient grever les biens du riche et restreindre son droit de propriété au profit des pauvres.

(1) Malgré toutes les mesures prises par les Papes, les grands propriétaires avaient continué à étendre les pâturages. Une toute petite partie du sol était seule laissée à la culture. Pie VI fit faire un nouveau cadastre de l'*agro romano* en 1783, et imposa aux latifundaires l'obligation d'ensemencer 1 700 rubbi de terre par an.

En 1804 Pie VII malgré les violentes réclamations des grands propriétaires frappait d'une lourde amende quiconque laissait ses terres en jachère : « Pour réprimer dans ces contrées l'abus si fréquent qui consiste à abandonner à la production naturelle des herbes, quantité d'excellentes terres qui pourraient s'employer plus utilement à l'entretien des hommes, Nous avons cru devoir recourir au moyen puissant des récompenses et des peines en prescrivant à cet effet, par décision spontanée du 4 novembre 1801, que tous les terrains de culture qu'on abandonnerait dans la campagne romaine à la production de l'herbe, seraient chargés d'une surtaxe de quatre paoli par rubbio et qu'au contraire les terrains qui seraient ensemencés, non seulement seraient exempts de cette taxe, mais obtiendraient une gratification de huit paoli par rubbio. — Pour mieux assurer la réussite de cette mesure nous avons ensuite doublé la peine ci-dessus. Et dans le cas où cette élévation de la taxe ne serait pas suffisante nous ne manquerions pas de l'augmenter encore et de prendre tous les autres moyens convenables pour atteindre le but désiré, c'est-à-dire que nos campagnes circonvoisines parviennent à produire tout le blé nécessaire aux besoins de nos sujets..... C'est le devoir inéluctable du Prince suprême, de veiller à la culture des terres et à la meilleure manière de les faire produire, car c'est par la multiplicité des produits que s'obtient l'abondance universelle, au moyen de laquelle on facilite l'entretien public, on favorise l'accroissement de la population, on encourage les progrès des arts et du commerce et que l'Etat s'enrichit. C'est animé de ces souvenirs qui portent le Souverain à se prévaloir des moyens les plus efficaces pour que la totalité des terrains donne la plus grande quantité et les produits les plus avantageux que Sixte IV prescrivit que tant dans la campagne romaine que dans les provinces du Patrimoine, dans les provinces maritimes et dans les campagnes, il fut permis à chacun de cultiver et d'ensemencer le tiers de tous les biens fonds qui ne seraient pas ensemencés par les propriétaires respectifs et de s'en approprier la récolte. De ces mesures confirmées par Jules II, Clément VII et Alexandre VIII nous assurerons l'exécution si les mesures plus modérées édictées par nous ne suffisent pas ».

Cette conduite du Souverain Pontife est d'autant plus digne de remarque que les grands propriétaires avaient en 1790 et en 1800 présenté à la chambre apostolique deux mémoires où ils établissaient d'une manière incontestable que les prescriptions de Pie VI et de ses prédécesseurs sur la question agraire leur faisaient subir des pertes énormes. Ils montraient avec des chiffres à l'appui, qu'une avance de 8.000 écus ne rapportait au fermier, même en supposant le temps absolument favorable, qu'un bénéfice de 30 écus s'il se livrait à la culture du blé : tandis que cette même somme lui rapportait plus de 200 écus s'il se livrait à l'élevage d'un troupeau de moutons. Il y avait antagonisme entre leurs intérêts personnels et les intérêts sociaux. Ces considérations n'arrêtèrent pas plus Pie VII qu'elles n'avaient arrêté Pie VI, Clément VII et Sixte IV, et il se préoccupa avant tout du bien public.

Les divers documents qui viennent d'être reproduits et plusieurs autres du même genre qu'on pourrait leur adjoindre, en même temps qu'ils montrent la paternelle sollicitude des papes à l'égard des pauvres et leur constant souci d'assurer le bien public, prouvent de la façon la plus irréfutable que l'Eglise, ses canonistes et ses pontifes n'ont jamais pris au sérieux la théorie, si chère aux juristes, du droit illimité et absolu de propriété.

4° *Cette théorie du droit absolu n'a été pratiquement admise par aucun pouvoir public.* — Partout l'État s'est attribué le droit de poser des limites à la jouissance des particuliers toutes les fois que l'intérêt public l'exige. Notre Code, qui ne saurait être suspect aux classiques, autorise pour cause d'utilité publique et moyennant indemnité l'expropriation forcée, il édicte des lois de *salubrité*, de *voierie*, de *police*, singulièrement restrictives du droit absolu de propriété. Ainsi il n'est pas loisible à celui qui possède une forêt de la défricher, alors même qu'il y trouverait son avantage ; il doit au préalable en avoir sollicité et régulièrement obtenu la permission.

Et ce n'est pas d'aujourd'hui que le propriétaire se trouve gêné dans l'exercice illimité de son droit par des règlementations basées sur des exigences sociales. Henri IV obligeait à tenir en blairie les deux tiers de tout domaine, et au siècle suivant un arrêt du Conseil de 1731 vint renouveler les ordonnances précédentes et défendre d'étendre la culture de la vigne au delà de certaines limites parce qu'on considérait cette culture moins utile à la nation que celle des céréales. On était donc convaincu que l'intérêt du public passe avant l'intérêt de l'individu et dans les cas extrêmes doit avoir le pas sur lui

V. **Démonstration de la théorie du droit de propriété strict mais limité.** — Après tout ce qui vient d'être dit il ne serait pas nécessaire d'apporter des preuves directes pour établir la théorie catholique ; elle se trouve fondée et vraie par le fait seul que la théorie opposée est démontrée fausse. Cependant à cause des abus criants qui existent, des idées erronées qui sont couramment admises et des illusions que se font sur ce point, même des âmes honnêtes et droites, il peut être utile d'insister encore et de montrer que la théorie que nous préconisons avec l'Eglise et les théologiens est la seule raisonnable, la seule qui sauvegarde la sagesse et la bonté de Dieu, la seule enfin qui ôte tout fondement aux attaques des socialistes en supprimant la plupart des griefs sur lesquels elles s'appuient.

1° *La théorie catholique est la seule raisonnable.* — Elle est la seule qui soit raisonnable, parce qu'il n'est pas admissible que nous ayons le droit de gaspiller sans aucun avantage et de détruire sans aucun profit même ce qui nous appartient, lorsque ce que nous faisons périr ou laissons se perdre serait nécessaire ou simplement utile aux autres. Le seul bon sens nous dit qu'un pareil acte est un acte répréhensible, un acte qui méconnait les lois les plus élémentaires de la charité et de la solidarité, un acte qui viole les règles du devoir moral et sort des limites du droit légitime de propriété.

Cette théorie est seule raisonnable encore, parce que seule elle tient suffisamment compte des rapports qui existent entre Dieu et ses créatures, rapports que la raison découvre, qu'elle nous signale et qui nous créent des devoirs que nous ne saurions méconnaître sans violer les droits de Dieu et les vues de sa Providence. — Dieu ayant tiré toutes choses, sauf lui-même, du néant, est le maître exclusif, le seul et véritable propriétaire de tout ce qui existe. Il a sur toutes les créatures des droits souverains inaliénables que rien ne saurait restreindre. Ces droits découlent essentiellement de sa nature, il ne peut s'en dessaisir. Lorsqu'il permet aux hommes de posséder quelques uns des biens qu'il a produits, il ne renonce en rien à son suprême domaine, il abandonne simplement l'usage de ce qui lui appartient. Si donc il est jamais question d'un droit naturel de propriété pour les hommes, il ne peut en aucun cas s'agir d'un absolu et complet droit de propriété qui ne saurait appartenir qu'à Dieu, mais toujours et simplement d'un droit d'usufruit. Les hommes n'étant en quelque sorte que des administrateurs, il s'en suit — la conséquence est nécessaire — que le droit d'usufruit lui-même ne doit pas être considéré comme un droit illimité. Les propriétaires sont tenus de faire toujours des biens de la terre ce que Dieu, leur maître, a voulu et prescrit. Parler d'un droit absolu, c'est énoncer un non-sens.

2° *La théorie catholique est la seule qui sauvegarde la sagesse et la bonté divines.* — On ne comprendrait pas que Dieu, ayant fait la terre pour être la nourricière du genre humain tout entier, permît qu'elle devînt le partage, la proie d'un petit nombre, qu'elle fût accaparée par des privilégiés qui pourraient en jouir en maîtres égoïstes, réserver pour eux seuls ce qu'elle produit et détourner impunément de leur fin des biens créés pour servir à l'entretien de tous. Il y aurait là de sa part une inconséquence, une contradiction indignes de sa sagesse ; il y aurait aussi une inégalité monstrueuse inconciliable avec l'idée que nous nous faisons de sa bonté. Cette bonté n'exige pas qu'il n'y ait aucune inégalité parmi les hommes ; les inégalités sont nécessaires ; mais cette bonté demande que Dieu fournisse à tous au moins ce dont ils ont rigoureusement besoin et qu'il tempère par des devoirs imposés à la richesse les inconvénients qu'entraîne le droit de posséder.

C'est ce qui se produit avec notre théorie. Nous ne prétendons pas qu'elle supprime tous les abus, mais elle les atténue et si elle était strictement appliquée, le sort des malheureux se trouverait singulièrement amélioré. Elle sauvegarde et les droits sacrés de la propriété et les droits non moins sacrés de la nature, elle domine et de quelle hauteur ! les deux théories contradictoires et irréconciliables qui se divisent présentement le monde : la théorie fausse du droit absolu préconisée par les Classiques et la théorie encore plus fausse du droit nul vantée par les Collectivistes. Elle reconnait la part de vérité que contiennent l'une et l'autre, elle s'en empare et la proclame après l'avoir isolée des sophismes dont Libéraux et Socialistes l'entourent. Par les réserves qu'elle apporte elle fait ressortir l'admirable sagesse et la paternelle bonté de celui qui a dit : « Je vous donne toute herbe portant de la semence et tout arbre produisant des fruits, ce sera votre nourriture ».

3° *La théorie catholique est la seule qui ôte tout fondement aux attaques des Socialistes en supprimant la plupart des griefs sur lesquels elles s'appuient.* — Pour combattre la propriété privée et demander sa suppression, les Socialistes insistent sur les abus qu'elle a produits. Ils montrent en les exagérant, ce qu'ils appellent le luxe effréné, les dépenses folles, les jouissances scandaleuses, l'inhumaine dureté, l'oisiveté honteuse de la classe capitaliste. En face de ce luxe, de ces dépenses, de ces jouissances, de cette oisiveté, ils mettent le dénument, les privations, les peines, le travail dévorant et mal rétribué, la misère imméritée du prolétariat, de cette multitude d'êtres humains qui semblent n'avoir été mis au monde que pour « souffrir et trimer ». Ils partent ensuite de cette longue énumération « d'iniquités » pour conclure qu'un état, qu'un régime social qui tolère et consacre de « pareilles monstruosités » ne peut être basé que sur l'injustice et qu'il doit être remplacé. — Le tableau qu'ils font des abus est évidemment poussé au noir, cependant tout n'est pas dénué de fondement dans leur réquisitoire et ils ne sont pas les seuls à parler de « misère imméritée ». Le mot est tombé de l'auguste plume de Léon XIII.

Leurs plaintes, au moins dans ce qu'elles ont de raisonnable, seraient sans objet si ceux qui possèdent faisaient de leurs biens l'usage que Dieu désire: Si, comme le demande la théorie que nous défendons, les riches se souvenaient « que l'homme ne doit pas tenir les choses extérieures pour privées, mais bien pour communes de telle sorte qu'il en fasse part facilement aux autres dans leurs nécessités (1) ; » il n'y aurait plus ni luxe effréné, ni dépenses folles ni jouissances scandaleuses, ni inhumaine dureté, ni oisiveté honteuse. Il y aurait toujours des pauvres et des déshérités, mais leur dénument serait moins grand et moins nombreuses se trouveraient leurs privations et leurs peines. Ils se sentiraient moins aigris contre ceux qui sont mieux partagés qu'eux du côté des biens de la fortune et au lieu de cet irréductible antagonisme des classes, qui creuse un abîme tous les jours plus grand entre les membres d'une même société et prépare peut-être de terribles bouleversements, ce serait entre les fils d'un même Père l'union dans la paix et la charité. Ce sont en effet les abus enfantés par l'antichrétienne et antinaturelle théorie du droit absolu de propriété qui, après avoir donné naissance au Socialisme, ont contribué plus que tout autre chose à le rendre populaire et à lui gagner des adeptes. Si la crise redoutable qui nous menace peut être évitée, elle ne le sera que par un retour aux principes chrétiens ; les théories païennes nous ont fait assez de mal, il importe de les répudier et de revenir enfin aux saines doctrines de l'Eglise si admirablement résumées par Saint-Thomas.

« Toutes les attaques, dit Charles Périn, dont le prin-

(1) S. Thomas textuellement cité par Léon XIII.

cipe de la propriété a été l'objet et tous les systèmes qui ont eu pour but de substituer le régime du communisme au droit de propriété ont leur source dans une fausse application du principe de la communauté des biens. Au lieu de la communauté par la liberté qui est la charité, on prétend établir la communauté par la loi, qui est le communisme.

Il n'y a en effet de choix qu'entre les deux ; car jamais l'humanité n'acceptera comme légitime, la propriété égoïste constituée au profit du propriétaire seul et pour ses jouissances exclusives. Toutes les fois que la propriété s'appuiera sur ce principe, toutes les fois que les propriétaires le mettront en pratique par l'usage de leurs biens pour leur seul avantage, la société verra surgir le communisme, d'autant plus décidé dans ses doctrines et d'autant plus hardi dans ses entreprises, que l'abus que les propriétaires font de la propriété est plus odieux (1) ».

CHAPITRE VII

DEVOIRS ET OBLIGATIONS ATTACHÉS A LA PROPRIÉTÉ

Quiconque est pourvu des biens de la fortune, — qu'il se livre à l'agriculture, à l'industrie, au commerce, aux opérations de banque ou qu'il s'adonne aux professions libérales ; — a des devoirs aussi graves que nombreux à remplir envers ceux qui ont été moins favorablement partagés que lui du côté de la richesse.

Ces obligations si souvent rappelées par l'Eglise, si vigoureusement affirmées par les Pères, si fréquemment exposées par les Prédicateurs et les Théologiens, mais hélas ! si facilement oubliées par ceux qui possèdent, Léon XIII les a, avec sa grande autorité, résumées dans l'Encyclique *Rerum novarum*. Elles apportent un utile tempérament au droit de propriété et font un contrepoids nécessaire aux inconvénients qu'il peut entraîner. Grâce à elles, la propriété cesse d'avoir quelque chose d'odieux, même pour ceux qui ne possèdent pas, et ainsi tombent la plupart des raisons que l'on invoque pour demander sa suppression.

(1) CHARLES PERRIN. — *De la richesse dans les sociétés chrétiennes*, liv. VII, ch. I.

Les devoirs qui incombent à la proprieté ne sont pas tous de même nature ; il y a des devoirs de JUSTICE, il y a des devoirs de CHARITÉ, il y a des devoirs d'ÉQUITÉ NATURELLE, il y a enfin des devoirs de simple CONVENANCE SOCIALE. Nous allons dire un mot de chacun d'eux.

I. — Devoirs de justice qui incombent à la propriété. — Ceux qui possèdent ont des devoirs de justice à remplir et à l'égard des malheureux qui sont dans la nécessité, — et à l'égard de leurs domestiques et de leurs ouvriers, — et à l'égard de leurs fournisseurs.

1° *Ils ont des devoirs de justice à l'égard des malheureux qui sont dans la nécessité.* — Lorsqu'un de nos semblables se trouve dans ce que les théologiens appellent un cas d'*extrême nécessité*, il y a pour nous obligation stricte, rigoureuse et grave de justice de lui venir en aide. « Verser le superflu dans le sein des pauvres, dit Léon XIII, n'est pas un devoir de stricte justice sauf le cas d'extrême nécessité (1). »

Le prochain est dans nn cas de nécessité extrême non seulement quand, faute d'un secours, il est exposé à perdre la vie ou la santé, mais quand il court le danger de perdre des biens qui, comme la réputation, l'honneur, la vertu, sont, au moins, aussi précieux que la santé et la vie (2). Dans ces cas, dit saint Thomas, les biens deviennent communs et le malheureux qui se trouve dans cette nécessité a le droit de prendre ce qui lui est indispensable, quitte à lui de le restituer ensuite si ses moyens viennent à le permettre. *Si adeo sit urgens et evidens necessitas, ut manifestum sit instanti necessitati de rebus occurentibus esse subveniendum (puta cum imminet personæ periculum et aliter subvenire non potest), tunc licite potest aliquis ex rebus alienis suæ necessitati subvenire sive manifeste sive occulte sublatis ; nec hoc proprie habet rationem furti vel rapinæ* (3).

« Non, non, ô riches de ce monde, s'écrie Bossuet, ce n'est pas pour vous seuls que Dieu fait lever son soleil ni qu'il arrose la terre : les pauvres y ont leur part aussi bien que vous. J'avoue que Dieu ne leur a donné aucun

(1) Encyclique : *Rerum novarum*.
(2) Saint THOMAS. — *Somme théol.*, 2a IIae, q. LXVI, art. 7.
(3) « Quand je dis nécessité extrême du prochain, je n'entends pas seulement nécessité extrême par rapport à la vie, j'entends nécessité extrême par rapport aux biens, à l'honneur, à la liberté. Vous savez que cette jeune personne va se perdre si on ne s'empresse de la secourir, vous devez venir à son aide ; elle est dans une nécessité extrême. » BOURDALOUE. — Sermon pour le 1er vendredi de Carême.

fonds ou propriété, mais il leur a assigné leur subsistance sur les biens que vous possédez..... La nature, ou pour parler plus chrétiennement, Dieu, le père commun de tous les hommes, a donné, dès le commencement, un droit égal à tous ses enfants, à toutes choses dont ils ont besoin pour la conservation de leur vie. Et ce droit si naturel que les hommes ont de prendre dans la masse commune tout ce qui leur est nécessaire, gardez-vous bien de croire que les pauvres l'aient perdu (1). »

Ce droit de prendre du superflu d'autrui, droit basé sur la fin même assignée par Dieu aux biens de la terre et à la propriété, on ne saurait régulièrement empêcher les nécessiteux de l'exercer. Les sévérités dont les lois civiles frappent le malheureux, que le besoin force à en user, ne s'expliquent et ne se légitiment que par la préoccupation de prévenir des abus en une matière où ils sont si faciles et où ils auraient de si fâcheuses conséquences (2). Ces sévérités laissent subsister tout entier un droit que l'homme tient de la nature et auquel on ne peut valablement opposer le caractère essentiellement exclusif de la propriété. Cet exclusivisme cesse en face d'un besoin extrême et le droit pour le nécessiteux de prendre ce qui lui est indispensable entraîne comme corollaire l'obligation pour le propriétaire de laisser prendre et même d'offrir. Son bien est devenu le bien du malheureux, le lui refuser c'est aller contre toutes les vues de Dieu et se rendre coupable d'une injustice. Cependant, comme l'obligation de venir en aide à ce malheureux n'incombe pas d'une manière particulière à tel ou tel, mais incombe d'une façon générale à tous ceux qui peuvent le secourir, nous ne croyons pas que l'on puisse contraindre à une restitution le riche qui aurait refusé de prêter assistance, alors même que, de ce refus, un préjudice très grave aurait résulté pour le nécessiteux.

2° *Ceux qui possèdent ont des devoirs de justice à l'égard de leurs domestiques et de leurs ouvriers.* — « Parmi les devoirs principaux des patrons, dit Léon XIII, il faut mettre au

(1) Sermon sur : *Nos dispositions à l'égard des nécessités de la vie.*

(2) Malgré leur souci d'assurer le respect de la propriété, des magistrats ont trouvé ces sévérités exagérées, et se sont refusés à appliquer rigoureusement la loi à des malheureux qui n'avaient volé que parce qu'ils avaient faim. — Une demande de modification du texte existant du Code, dans un sens qui le mette plus en harmonie avec la loi naturelle, a été présentée à la Chambre française.

premier rang celui de donner à chacun le salaire qui convient. Assurément pour fixer la juste mesure du salaire, il y a de nombreux points de vue à considérer. Mais d'une manière générale que le riche et le patron se souviennent qu'exploiter la pauvreté et la misère et spéculer sur l'indigence sont choses que réprouvent également les lois divines et les lois humaines. Ce qui constituerait un crime à crier vengeance au ciel serait de frustrer quelqu'un du prix de ses labeurs : voilà que le salaire que vous avez dérobé par fraude à vos ouvriers crie contre vous et que leur clameur est montée jusqu'au trône du Dieu des armées. JACQ. V. 4 (1). »

Cette obligation de payer rigoureusement, à ceux que l'on emploie le prix de leur travail est une obligation d'élémentaire et stricte justice. Et ce n'est pas assez de donner à l'ouvrier un salaire quelconque, pas même toujours assez de lui donner le salaire qu'il a accepté ; il faut que ce salaire soit un salaire « convenable », proportionné au service rendu. Agir autrement c'est retenir injustement le bien d'autrui, se rendre coupable d'un vol véritable et par conséquent se créer le devoir absolu de restituer à celui qui a été lésé dans ses droits.

Mais quand le salaire doit-il être réputé *convenable ?* Quand, au contraire, doit-il être considéré comme insuffisant ? Il est difficile et même impossible de donner une règle précise, claire, pratique, s'appliquant à la totalité des cas et permettant de déterminer exactement la part qui revient au travail dans le partage des bénéfices. Pour résoudre cette grave question du juste salaire, « il y a de nombreux points de vue à considérer ». Il faut faire entrer en ligne de compte la situation économique actuelle, les difficultés créées par la concurrence, la crise que traverse l'industrie, les variations du marché, les complications du machinisme et d'autres choses encore. Dans de pareilles conditions, on peut tout au plus rappeler les principes généraux qui régissent cette délicate matière.

Il est incontestable que le *salaire doit se mesurer avant tout au travail fourni et au service rendu.* Dans le contrat de louage comme dans le contrat de vente, la justice demande qu'il y ait proportion entre ce que l'on donne et ce que l'on reçoit.

Par conséquent l'ouvrier qui, plus habile ou plus fort, ou plus laborieux, produit davantage, a droit à une rétri-

(1) Encyclique : *Rerum novarum.*

bution plus considérable que l'ouvrier, qui, faible, maladroit ou paresseux, ne produit que très peu.

Il est tout aussi incontestable que, d'après les vœux de la nature et les desseins de Dieu, tout homme se trouvant dans des conditions normales de santé et d'habileté professionnelle devrait retirer de son travail une rémunération telle qu'elle lui permit d'assurer à lui et à sa famille — une famille ordinaire — un honnête et suffisant entretien. — Dieu, qui a ordonné à l'humanité de se perpétuer et a dit à tous en la personne de nos premiers parents : *crescite et multiplicamini*, a conféré à chaque homme, à l'ouvrier comme au patron, le droit de se créer un foyer et de se donner une famille. A l'exercice de ce droit il a attaché des devoirs parmi lesquels vient en premier lieu l'obligation pour le père de fournir à sa femme et à ses enfants, jusqu'au jour où ceux-ci peuvent se suffire à eux-mêmes, ce dont ils ont besoin pour vivre d'une façon convenable. — La Providence, toujours infiniment sage, n'a pas imposé un pareil devoir sans fournir en même temps les moyens nécessaires pour s'en acquitter.

Un grand nombre d'hommes n'ont que leurs bras pour subvenir à leurs besoins et aux besoins de leur famille. Ils doivent demander au travail les ressources qui leur permettront de procurer à leurs enfants, à défaut d'un bien-être considérable, un pain quotidien suffisant et les moyens de gagner plus tard honnêtement leur vie. Ces situations sociales inférieures sont voulues par Dieu. Il entre dans son plan qu'il y ait des riches et des pauvres, des patrons et des ouvriers, et si à ces derniers il n'a accordé que leurs bras et leur puissance au travail, il s'en suit qu'il entend que ces bras et ce travail soient assez rémunérés pour permettre de faire face aux obligations et aux charges que la nature a imposées à l'ouvrier.

Nous ne prétendons pas — ce qui serait une absurdité — qu'un salaire plus considérable soit dû au père de famille qu'au célibataire uniquement parce qu'il est père de famille ; nous ne prétendons pas davantage que le salaire des pères de famille doive suivre une échelle ascendante et être toujours proportionné au nombre des enfants ; nous ne prétendons pas non plus, que dans les desseins de Dieu, le salaire d'un père de famille, même laborieux et honnête doive être suffisant pour subvenir aux nécessités d'une famille exceptionnellement nombreuse et exceptionnellement éprouvée ; nous disons seulement que, si les vues de la nature n'étaient pas méconnues et ses lois violées, tout bon ouvrier — peu importe qu'il soit célibataire ou marié — devrait retirer de son travail une rémunération qui suffise à faire vivre une famille se trouvant dans des conditions ordinaires.

Mais s'en suit-il qu'un patron qui ne donne pas un pareil salaire à ses ouvriers pèche toujours contre la justice ? Non, car bien souvent il est mis par les circonstances dans l'impossibilité de payer à ce prix la main-d'œuvre. Il n'est tenu de la payer à ce prix que lorsque la chose lui est rendue possible par les rendements de son industrie ou de son commerce : mais lorsque les rendements de son industrie et de son commerce le permettent, il est rigoureusement tenu de donner ce salaire assez improprement appelé *salaire familial* (1). S'il n'est pas obligé, pour l'assurer à ceux qu'il emploie, de se condamner à des pertes et même de renoncer à tout bénéfice personnel, il ne saurait en revanche légitimement spéculer sur le besoin qu'ont les ouvriers de travailler pour obtenir qu'ils se contentent d'un salaire ne constituant pas l'équivalent du service rendu. On ne pourrait invoquer valablement pour excuser un pareil procédé la trop fameuse loi de l'offre et de la demande. Cette loi n'a que faire ici. Il importe peu que l'offre de bras dépasse la demande ; ce qui importe, ce que requiert la justice c'est que chacun reçoive ce qui lui appartient et que pour la fixation du salaire on se base avant tout sur la valeur marchande présumée du travail fourni.

Cette valeur marchande n'est malheureusement pas toujours aussi élevée qu'il le faudrait. La concurrence acharnée que se font les uns aux autres les divers pays et même les divers producteurs d'un même pays obligent souvent les industriels à céder leurs produits manufacturés à des prix de bon marché désastreux. Pour lutter contre des rivaux sans cesse appliqués à les supplanter et pour trouver ou conserver des débouchés pour leurs marchandises ils sont forcés de vendre à des conditions bien peu rémunératrices. Par suite ils se trouvent contraints de réduire les prix de revient et de diminuer les salaires.

S'ils ne donnent pas à l'ouvrier le salaire désirable — le salaire qui permet de faire face aux charges ordinaires de la famille — la faute n'en est pas à eux : elle est aux circonstances. Souvent ils ne peuvent faire mieux sans

(1) « De fait le tarif du salaire est injuste, toutes les fois qu'en règle générale il ne peut suffire à l'entretien de l'ouvrier et de sa famille, et que d'ailleurs les bénéfices de l'entrepreneur permettent une concession de salaires plus élevés. » LEMKUL, S.J. — *Le mal social*, p. 35.

s'exposer ou à la faillite ou à la fermeture de leurs usines, et ils ne sont pas tenus d'aller jusques-là. Cependant il ne serait pas équitable de faire supporter au travail seul les désolantes conséquences de la crise économique que nous traversons, le capital doit en prendre sa part. Il doit savoir se contenter de profits moins considérables que ceux qu'il réalisait autrefois et faire au travail un lot convenable dans le partage des bénéfices.

Les ouvriers ne retirant pas de leur travail ce qu'il devrait leur rapporter d'après l'ordre providentiel, se trouvent par là lésés dans leurs droits ; mais cette sorte d'injustice n'est pas imputable dans bien des cas au patron. Les coupables, si on peut les appeler ainsi, sont le plus souvent la concurrence effrénée, la spéculation à outrance, la révolution opérée par l'entrée en scène du machinisme, les exigences d'une consommation qui veut du bon marché, l'application de la doctrine « du laisser-faire et du laisser passer », et mille autres causes plus faciles à constater qu'à supprimer et dont le patron a à souffrir peut-être autant que l'ouvrier.

Dans de pareilles conditions économiques on peut dire que ce salaire doit être considéré comme pratiquement « convenable » qu'il a été débattu et accepté par le travailleur connaissant le prix de son labeur et agissant en dehors de toute contrainte morale. Le patron a satisfait à ce que la justice stricte demande de lui, lorsqu'il l'a payé, alors même qu'en raison de circonstances indépendantes de sa volonté, ce salaire ne serait pas absolument suffisant pour subvenir aux nécessités communes d'une famille ordinaire. Mais c'est un devoir pour les pouvoirs publics et pour les particuliers de se préoccuper d'un pareil état de choses et de s'appliquer, chacun suivant ses moyens, à porter remède à une situation qui condamne « la plupart des hommes des classes inférieures à une misère imméritée (1) », soulève les colères populaires, fomente les troubles et constitue un péril grave pour la société qui se trouve menacée jusques dans ses bases. En attendant le jour, très éloigné probablement, où ces efforts communs auront donné des résultats satisfaisants, ceux qui se servent des bras de leurs semblables ne sauraient trop méditer les paroles de Léon XIII : « Que le riche et

(1) Encyclique : *Rerum novarum.*

Quand l'initiative privée ne peut plus remédier au mal, c'est à l'autorité publique d'intervenir, d'imposer sa volonté, de mettre un frein à la concurrence et en cas de besoin de réglementer le tarif des salaires. » Lemkul. — *Le mal social*, p. 35.

le patron se souviennent qu'exploiter la pauvreté et la misère et spéculer sur l'indigence sont choses que réprouvent également les lois divines et les lois humaines. Ce serait un crime à crier vengeance au ciel que de frustrer quelqu'un du prix de ses labeurs (1) ».

3° *Ceux qui possèdent ont des devoirs de justice à l'égard de leurs fournisseurs.* — Ce n'est pas seulement à l'égard des malheureux placés dans un absolu besoin et de ses domestiques ou de ses ouvriers que le riche a des obligations de justice à remplir; il en a aussi à l'égard de ses fournisseurs. Le tableau que faisait Bourdaloue des procédés de certains riches de son temps n'a rien perdu de son actualité et constitue une peinture malheureusement trop fidèle de ce qui se passe encore si souvent de nos jours. « C'est justice, disait l'illustre prédicateur, de payer aux pauvres ce qui leur appartient; de payer de pauvres domestiques, de payer de pauvres artisans, de payer de pauvres ouvriers, et aussi de payer de pauvres marchands ou même de riches marchands, mais qui de riches qu'ils étaient tombent dans la pauvreté parce qu'on les laisse trop longtemps attendre. Or, la loi de Dieu veut qu'avant de songer à faire la charité on s'occupe de payer ses dettes. C'est par là qu'il faut commencer. Mais, avouons-le, c'est une morale que bien des riches du monde ne veulent pas entendre aujourd'hui. Vous le savez on traite ce marchand, cet artisan qui fait timidement quelqu'instance de fâcheux et d'importun. On le fait languir des années entières et après bien des remises qui l'ont peut-être à demi ruiné, on lui donne à regret ce qui lui est le plus légitimement acquis, comme si c'était une grâce qu'on accordât et non une dette dont on s'acquittât... (2) » Une pareille conduite n'est pas équitable, elle cause aux fournisseurs des torts graves et se concilie difficilement avec les exigences de la justice. La justice ne demande pas seulement qu'on paie ses dettes, elle veut encore qu'on les paie en temps convenable. Agir autrement c'est exposer les fournisseurs, qui ne veulent pas subir des pertes, à la tentation de recourir à des procédés de compensation qui, comme la majoration des prix, sont bien délicats et bien dangereux.

II. Devoirs de charité qui incombent à la propriété. — Le riche n'est pas tenu de venir seulement en aide au malheureux qui se trouve dans un cas de néces.

(1) Encyclique : *Rerum novarum*.
(2) Sermon pour le 1er vendredi de Carême : *Sur l'aumône*.

sité extrême, il doit assistance et secours à tout pauvre qui est dans le besoin. Ce devoir de faire la charité au pauvre, pour être d'une nature différente, n'est pas moins rigoureux que celui de donner à l'ouvrier le salaire qui lui est du.

1° *Il y a obligation et obligation grave de venir en aide aux pauvres.* Elle est si stricte et si grave qu'il suffira de ne l'avoir pas accomplie pour être réprouvé de Dieu et mériter de s'entendre adresser ces redoutables paroles : « Retirez-vous de moi maudits, allez au feu éternel qui a été préparé pour le démon et pour ses anges. J'ai eu faim et vous ne m'avez pas donné à manger ; j'ai eu soif et vous ne m'avez pas donné à boire ; j'ai été nu et vous ne m'avez pas habillé, j'ai été malade et vous ne m'avez pas secouru... car tout ce que vous avez refuséà un malheureux c'est à moi que vous l'avez refusé (1). » Après quede pareilles paroles sont tombéesde la bouche de Notre-Seigneur, on ne saurait sérieusement mettre en doute l'existence du devoir de l'aumône. On n'est pas damné pour la violation d'un simple conseil, pas même pour la violation d'un précepte léger et pourtant l'on est damné pour ne pas avoir donné à manger à ceux qui avaient faim, pour ne pas avoir donné à boire à ceux qui avaient soif, pour ne pas avoir vêtu ceux qui étaient nus, pour ne pas avoir secouru ceux qui étaient malades, en un mot pour ne pas avoir fait l'aumône à ceux qui étaient dans le besoin ; il s'ensuit donc qu'il y a précepte, précepte formel et grave de faire l'aumône. — « Dieu, dit Bourdaloue qu'on ne saurait trop citer en une matière dont il a si savamment et si admirablement parlé, Dieu est le souverain maître de tous nos biens, il en est le Seigneur, il en est même absolument le seul et vrai propriétaire et par comparaison de nous à lui, nous n'en sommes à le bien prendre que les économes et les distributeurs. C'est ce que la raison et la foi nous démontrent évidemment. Or puisque nos biens sont à Dieu par droit de souveraineté, nous lui en devons le tribut, l'hommage, la reconnaissance, et puisqu'il en a la propriété il doit en avoir les fruits. Que fait Dieu ? il affecte ce tribut et ces fruits à la subsistance des pauvres ; c'est-à-dire, qu'au lieu d'exiger ce tribut par lui-même et pour lui-même, il l'exige par les mains des pauvres ou plutôt il substitue les pauvres pour l'exiger en son nom. Tellement que l'aumône qui par rapport au pauvre est un

(1) S. Mathieu, xxv, 41-42-43.

devoir de charité et de miséricorde, est par rapport à Dieu un devoir de justice, un devoir de dépendance et de sujétion.... Dieu, je le répète, a établi le pauvre dans le monde pour recueillir ses droits à sa place et l'aumône est le seul moyen par où les riches puissent rendre à Dieu ce qu'ils lui doivent. C'est pourquoi saint Pierre Chrysologue parlant des pauvres leur donne une qualité bien glorieuse il les appelle les *receveurs du domaine* de Dieu (1). » Par conséquent en venant en aide au malheureux, le riche ne fait pas un acte de libéralité facultative, il remplit un devoir rigoureux, un précepte grave qui lui est imposé par Dieu.

Le langage des Pères de l'Eglise est sur ce point d'une hardiesse, d'une énergie, d'une rigueur qui suprennent. Il y a même dans les expressions dont ils se sont servis une part à faire aux hyperboles de la langue oratoire et à l'entraînement du cœur. La vue des abus odieux, dont ils sont les témoins, les remplit d'indignation et leur met aux lèvres des termes qui rendent bien les sentiments généreux dont ils sont animés, mais qui s'écartent quelquefois de la stricte exactitude théologique. « Le riche ne possède pas pour lui seul. Ses biens ne lui sont pas donnés pour qu'il en jouisse uniquement, mais pour qu'il les administre (2) ». « Apprends pourquoi tu as reçu les richesses. Tu es le ministre du Dieu très bon, l'intendant commun de tes compagnons de servitude. Tout ce que tu possèdes n'a pas été destiné à l'apaisement de ta faim. Administre donc comme les biens d'autrui les biens qui sont dans tes mains (3). » « Le riche qui ne donne pas commet un vol, c'est une sorte de sacrilège que de ne pas donner au pauvre ce qui est le bien du pauvre (4). » « Celui qui peut remédier à la souffrance d'autrui et ne le fait pas est un homicide (5). » « Ta faute est grande si ton frère souffre de la faim, si tu le sais et si tu ne le secours pas, s'il est exposé à la captivité ou aux chicanes du fisc et si tu ne lui viens pas en aide ; s'il endure pour une dette les chaînes ou les tortures et si dans son affliction il n'obtient rien de toi (6) ». « Il faut avertir ceux qui

(1) BOURDALOUE. — Sermon pour le 1er vendredi de Carême : *Sur l'aumône.*
(2) Saint BASILE. — Epitre 236e.
(3) Saint BASILE. — Homélie sur ces mots du XIIe chap. de saint Luc : *Destruam horrea...*
(4) Saint JÉRÔME. — Epître 54, *ad Pamumachium.*
(5) Saint BASILE. — Homélie *in tempore famis.*
(6) Saint AMBROISE. — *Off.*, I, 30.

donnent de leurs biens de le faire avec humilité, en reconnaissant qu'ils ne font que dispenser de la part de Dieu, des subsides temporels qui ne leur appartiennent point. Quant à ceux qui ne prennent ni ne donnent à autrui, il faut les avertir que la terre, d'où ils sont tirés, est commune à tous et quelle prodigue à tous ses biens en commun..... Qu'ils ne se croient donc pas innocents, ceux qui usent pour eux seuls des biens que Dieu a faits communs à tous. En donnant le nécessaire aux indigents, nous ne faisons que leur rendre ce qui est à eux, bien loin de leur donner ce qui est à nous ; nous payons une dette de justice plutôt que nous n'accomplissons une œuvre de miséricorde (1). » Ces élans d'une impétueuse charité, ces généreux emportements de la bienfaisance peuvent ne pas être exempts de toute exagération ; mais si des paroles, comme celles que nous venons de citer, n'expriment pas d'une façon rigoureuse la doctrine catholique, elles expriment ce que désira toujours l'Eglise et ce que demande aujourd'hui autant que jamais la charité du Christ. Comment en entendant un langage aussi véhément, langage tenu par ce que les premiers siècles chrétiens ont compté de plus saint et de plus distingué parmi leurs docteurs, comment en entendant un pareil langage pourrait-on soutenir encore que venir en aide à l'infortuné est chose bonne, mais facultative ? Ce serait se mettre en opposition avec toute la tradition chrétienne. Il est impossible de flétrir plus vigoureusement que ne l'a fait l'Eglise l'égoïsme, la dureté de cœur et l'oubli du devoir de l'aumône. Mais que demande au juste ce devoir ? Que faut-il pour avoir suffisamment satisfait à l'obligation qu'impose le précepte de donner ?

2° *On n'est obligé de donner aux pauvres que son superflu, mais on doit donner tout son superflu.* — « Nul assurément, dit Léon XIII, n'est tenu de soulager le prochain en prenant sur son nécessaire ou sur celui de sa famille, ni même de rien retrancher de ce que les convenances ou la bienséance imposent à sa personne : Nul en effet ne doit vivre contrairement aux convenances. Mais dès qu'on a suffisamment donné à la nécessité et au décorum, c'est un devoir de verser le superflu dans le sein des pauvres (2). »

Toute la doctrine de l'Eglise et de la Théologie sur cette

(1) Saint GRÉGOIRE LE GRAND. — *Pastor cura,* III p. ; adm. 21-22.

(2) Encyclique : *Rerum novarum.*

matière si délicate se trouve résumée dans ces quelques lignes. Le difficile est de déterminer exactement ce qu'il faut entendre par nécessaire et par superflu.

On peut, avec saint Thomas, distinguer trois sortes de biens. Certains sont si nécessaires que sans eux il est impossible à quelqu'un de vivre ou de faire vivre ceux dont il a la charge. D'autres sont nécessaires, non plus pour vivre ou faire vivre les siens, mais pour vivre et faire vivre conformément à la position sociale qu'on occupe : *necessarium dupliciter dicitur. Uno modo sine quo aliquid esse non potest..... alio modo aliquid dicitur esse necessarium sine quo non potest convenienter vita transigi secundum conditionem et statum propriæ personæ, et aliarum personarum, quarum cura ei incumbit* (1). » Pour fixer ce dernier nécessaire on ne saurait donner une règle précise et uniforme. Ce qui est suffisant pour un artisan ne l'est pas pour un magistrat ; ce qui l'est pour un magistrat ordinaire ne l'est pas pour un haut fonctionnaire ou pour tout autre personnage occupant une grande situation : *Hujusmodi necessarii terminus non est in indivisibili constitutus : sed multis additis, non potest dijudicari esse ultra tale necessarium ; et multis substractis, addhuc remanet unde possit convenienter aliquis vitam transigere secundum proprium statum* (2). D'autres biens enfin ne sont indispensables ni pour vivre, ni même pour tenir convenablement son rang. Sans eux on peut se donner et donner aux siens tout ce que demande légitimement la condition à laquelle on appartient. Ils constituent ce qu'on appelle le *superflu*.

Nul n'est tenu de donner, même à des malheureux se trouvant dans la nécessité extrême, des biens de la première catégorie. Non seulement on n'est pas obligé de les donner, mais même on n'a pas le droit de s'en dépouiller, sauf dans des cas exceptionnels où le bien public y trouverait un grand avantage. Avant de pourvoir aux besoins des autres on doit pourvoir à ses propres besoins et aux besoins de sa famille : *De tali necessario omnino eleemosyna dari non debet : puta si aliquis in articulo necessitatis constitutus haberet solum unde posset sustentari et filii sui vel alii ad eum pertinentes, de hoc enim necessario eleemosynam dare, est sibi et suis vitam subtrhaere. Sed hoc dico, nisi forte talis casus immineret, ubi subtrahendo sibi daret alicui magnæ personæ per quam Ecclesia vel Respublica sustentaretur, quia*

(1) Saint THOMAS. — *Somme théol.*, IIa 2ae, q. XXXII, art. 6.
(2) Saint THOMAS. — *Somme théol.*, IIa, 2ae, q. XXXII, art. 6.

prot alis personæ liberatione seipsum et suos laudabiliter periculo mortis exponeret (1). »

Nul non plus n'est tenu de donner, sauf pourtant à des malheureux se trouvant dans la nécessité extrême, des biens de la seconde catégorie ; mais s'il veut en prélever une partie en faveur des pauvres ordinaires, il est libre et fait œuvre méritoire, à la condition de ne pas aller trop loin. *De hujus modi necessario eleemosynam dare bonum est ; sed non cadit sub præcepto, est tantum sub consilio. Inordinatum esset autem, si aliquis tantum sibi de bonis propriis subtraheret ut aliis largiretur, quod de residuo non posset convenienter vitam transigere secundum proprium statum et negotia occurentia, nullus enim inconvenienter vivere debet. Sed ab hoc est excepiendum..... quando occurreret extrema necessitas alicujus privitæ personæ vel etiam aliqua magna necessitas Reipublicæ. In hoc enim casu laudabiliter prætermitteret aliquis, id quod ad decentiam sui status pertinere videretur* (2).

Quant aux biens de la troisième catégorie — c'est-à-dire au superflu — ils sont destinés par Dieu à servir exclusivement au soulagement des pauvres. En retenir une partie, même légère, c'est aller contre l'ordre de la Providence et garder ce qui doit profiter à autrui. Le superflu du riche, dit en propres termes saint Thomas, revient de droit naturel à ceux qui sont dans l'indigence : *Res quas aliqui superabundanter habent, ex naturali jure, debentur pauperum substentationi* (3). Saint Augustin avait énoncé la même vérité presque dans des termes identiques : « Le superflu des riches est le nécessaire des pauvres. Posséder le superflu, c'est donc posséder le bien d'autrui (4). » C'est pourquoi saint Basile s'écriait : « N'es-tu pas un spoliateur, toi qui considères comme tien ce que tu as reçu uniquement pour le dispenser aux autres ? Ce pain que tu mets en réserve est le pain de celui qui a faim ; ce vêtement que tu serres sous clef est le vêtement de celui qui est nu ; ces souliers que tu laisses moisir sont les souliers de celui qui n'a pas de chaussures ; cet argent que tu amoncelles est l'argent du pauvre. C'est pourquoi tu as fait tort au prochain de tout ce que tu pourrais lui donner et ne lui donnes pas : *quocirca tot injuriaris quod dare valens es* (5) ».

(1) Saint Thomas. — *Somme théol.*, IIa, 2ae, q. XXXII, art. 6.
(2) Saint Thomas. — *Somme théol.*, IIa, 2ae, q. XXXII, art. 6.
(3) Saint Thomas. — *Somme théol.*, IIa, 2ae, q. XXXII, art. 5.
(4) Saint Augustin. — *Enar. in Psal.*, CXLVII, c. XII.
(5) Saint Basile. — Homélie sur ces mots du XIIe chapitre de saint Luc : *Destruam horrea mea.*

Depuis saint Paul, qui écrivait aux Corinthiens : *Vestra abundantia inopiam illorum suppleat* (1), jusqu'à aujourd'hui la doctrine de l'Eglise n'a jamais varié sur ce point ; malheureusement l'égoïsme, la soif de luxe et de jouissance, l'amour déréglé des siens ont fait singulièrement méconnaître des enseignements qui sont donnés au nom du Christ. Il est très rare qu'on se reconnaisse du superflu et quand on s'en reconnaît, c'est à peu près toujours dans une proportion qui n'a aucun rapport avec la réalité. On trouve mille prétextes pour considérer comme nécessaire pour tenir son rang, ce qui de fait ne l'est pas. On invoque le droit d'améliorer sa condition, le devoir d'assurer l'avenir de ses enfants, l'obligation de se précautionner contre les revers possibles de la fortune et l'on se dispense ainsi, sans scrupule, de faire aux pauvres la part qui leur a été attribuée par Dieu.

Evidemment il n'est pas défendu de songer à améliorer raisonnablement sa condition, on peut s'occuper de procurer à ses enfants une position meilleure que celle que l'on a eue soi-même ; rien n'interdit de prévoir des jours mauvais et de mettre en réserve ce qui sera nécessaire pour faire face aux difficultés qui pourront surgir ; mais il faut que tout cela s'harmonise avec le devoir rigoureux de la bienfaisance.

« Je veux, dit Bourdaloue, qu'il vous soit permis d'agrandir votre état, pourvu qu'en même temps vos aumônes grossissent à proportion et que vous posiez pour principe qu'elles sont une partie et une partie essentielle de votre état. Mais ce que je veux surtout, c'est qu'il ne vous soit permis d'agrandir votre état qu'après que vous aurez pourvu aux nécessités des pauvres et qu'autant que les nécessités des pauvres pourront s'accorder avec cette nouvelle grandeur (2). »

Si dans beaucoup de cas il est difficile de dire où s'arrête le nécessaire et où commence le superflu, dans d'autres au contraire le moindre doute ne saurait exister, l'on peut affirmer sans hésitation qu'il y a du superflu. « J'appelle au moins superflu, dit encore Bourdaloue, ce qui vous est, je ne dis pas précisément inutile ; mais même évidemment préjudiciable. Car, pour ne rien exagérer, je ne prends de vos états que ce qui sert à en fomenter les dérèglements, les excès, les crimes et cela me suffit pour y mettre du superflu. J'appelle superflu ce

(1) II Corinth., VIII, 14.
(2) Sermon pour le 1er vendredi de Carême : *Sur l'aumône.*

que vous donnez tous les jours à vos débauches, à vos plaisirs honteux : renoncez à cette idole dont vous êtes adorateurs et vous aurez du superflu. J'appelle superflu, femmes mondaines, ce que vous dépensez, disons mieux, ce que vous prodiguez en mille ajustements frivoles qui entretiennent votre luxe et qui seront peut-être un jour le sujet de votre réprobation ; retranchez une partie de ces vanités et vous aurez du superflu. J'appelle superflu, ce que vous ne craignez pas de risquer à un jeu qui ne vous divertit plus, mais qui vous attache et vous dérègle. Sacrifiez ce jeu et vous aurez du superflu. Quoi donc ? Vous avez de quoi fournir à vos passions et à vos passions les plus déréglées tout ce qu'elles demandent et vous prétendez n'avoir pas de superflu ? Vous avez du superflu pour tout ce qui vous plaît et vous n'en avez pas pour les pauvres ? Voilà ce que mon ministère m'oblige à vous représenter et ce que je vous conjure de vouloir bien vous représenter à vous-même (1). »

3° *Le devoir de donner tout son superflu aux pauvres est un devoir de charité et non de justice.* — « Verser le superflu dans le sein des pauvres, dit Léon XIII, est, non pas un devoir de stricte justice, sauf le cas d'extrême nécessité, mais un devoir de charité chrétienne, un devoir par conséquent dont on ne peut poursuivre l'accomplissement par les voies de la justice humaine. Mais au-dessus des jugements des hommes il y a la loi et les jugements de Dieu qui nous persuade de toutes les manières de faire habituellement l'aumône (2) ». Quoique Dieu fasse aux riches un devoir strict de consacrer tout leur superflu à soulager les besoins des pauvres ; ceux-ci ne sont pas autorisés à revendiquer devant les tribunaux ce superflu comme un droit rigoureux ; encore moins peuvent-ils légitimement, s'ils ne se trouvent dans une nécessité extrême, s'en adjuger eux-mêmes une partie. Ils ne sauraient la réclamer à d'autre titre qu'à titre de charité et le riche qui garderait ce qui dépasse ses besoins, pourvu que ce qu'il garde il l'ait légitimement acquis, irait contre les desseins de la Providence, retiendrait un bien qui ne lui est confié que pour d'autres, mais ne commettrait à l'égard d'aucun de ses semblables malheureux une injustice proprement dite. Parmi ces malheureux nul n'a un titre spécial à son superflu, car pourvu qu'il se conforme aux règles ordinaires de la

(1) Sermon pour le 1er vendredi de Carême : *Sur l'aumône.*
(2) Encyclique : *Rerum novarum.*

charité le riche est absolument libre de choisir ceux à qui il viendra en aide. Personne, par conséquent, n'a le droit de se considérer comme individuellement lésé, s'il ne le fait pas participer à son excédent : *Quia multi sunt necessitatem patientes et non potest ex eadem re omnibus subvenire, committitur arbitrio uniuscujusque dispensatio propriarum rerum ut ex eis subveniat necessitatem patientibus* (1).

Parce que dans les desseins de la Providence le superflu doit rigoureusement aller aux pauvres, un certain nombre de Pères ont vu dans le devoir de le donner un devoir de charité *suis generis*. Bourdaloue qui a admirablement résumé l'enseignement de la tradition chrétienne dit dans le sermon déjà plusieurs fois cité : « Ce que je conclus, c'est que l'aumône n'est pas seulement une charité pure, une charité gratuite, puisque vous ne donnez au pauvre que ce que vous avez reçu pour le pauvre et avec une obligation étroite de l'employer pour le pauvre..... Les Pères ont toujours regardé le superflu comme un bien qui appartient au pauvre, comme un bien dont les riches sont seulement les dépositaires et les distributeurs ; comme un bien qu'ils ne peuvent retenir dans les nécessités publiques sans commettre la plus criminelle injustice et, selon l'expression de saint Ambroise, sans se rendre coupables de vol, car, c'est ainsi que s'en déclare ce saint Docteur, dont la morale est d'ailleurs des plus exactes et d'un caractère moins outré : *non enim majus crimen est habenti tollere, quam cum abundas indigenti denegare* ». Ces expressions « de criminelle injustice et de vol » dépassent certainement la pensée de leur auteur et manquent d'exactitude théologique ; cependant on ne saurait contester qu'il n'y ait une réelle différence entre la charité facultative que l'on fait en prenant sur le nécessaire et la charité obligatoire que l'on fait en donnant seulement du superflu.

4° *On doit, par la bienfaisance, venir en aide d'abord à ses proches.* — Celui qui possède du superflu doit, dans la distribution qu'il en fait, se préoccuper de venir, de préférence, en aide à ceux qui le touchent de plus près. *Exhibitio beneficiorum*, dit saint Thomas, *est quædam actio charitatis in alios et proindè oportat quod ad magis propinquos simus magis benefici* (2). Les domestiques dans une maison, les ouvriers dans un domaine ou dans une usine — chose que l'on a presque complètement oubliée depuis

(1) Saint Thomas. — *Somme théol.*, IIa, 2ae, q. LXVI, art. 7.
(2) *Somme théol.*, IIa, 2ae, q. XXXI, art. 3.

que l'esprit chrétien ne pénètre plus le milieu social — les domestiques, les ouvriers faisant partie de la famille du patron. C'est de leur bien-être que celui-ci doit avant tout se préoccuper. A besoins égaux, c'est eux, préférablement à tous autres, qu'il doit faire bénéficier de ses largesses. Et sa charité ne se bornera pas à donner, elle sera attentive à prendre les formes qui ménageront davantage les susceptibilités parfois exagérées de ceux qui reçoivent et surtout permettront d'assurer plus efficacement le bien-être matériel et moral de ceux qu'elle secourt.

La manière de donner peut singulièrement diminuer ou accroître le prix de la chose donnée et quoiqu'il n'y ait rien d'humiliant à recevoir assistance de ceux qui ont été mieux favorisés du côté de la fortune, un chrétien s'appliquera à épargner par la délicatesse des procédés toute fausse honte à ceux de ses frères qu'il assiste. A l'aumône de ses biens il joindra celle de son affection et de son dévouement, et parviendra ainsi à se faire pardonner une supériorité sociale qui pourrait paraître injuste à des malheureux souvent aigris par les privations et la misère.

Le riche chrétien n'oubliera pas non plus qu'il est fils de l'Eglise et que l'Eglise a des besoins nombreux. Il est tenu de lui venir en aide, il lui doit faire une part toujours convenable dans ses générosités. Les œuvres magnifiques qu'elle a entreprises pour la sanctification des âmes et la diffusion du règne de Jésus-Christ ne peuvent vivre qu'à la condition d'être soutenues, elles nécessitent des frais considérables. L'Eglise dans sa pauvreté ne peut faire face à de si lourdes charges, ses enfants doivent venir à son aide et suppléer à son dénûment.

C'est en joignant à une scrupuleuse observation de la justice une chrétienne pratique de la charité que l'on arrivera à l'apaisement des esprits, au rapprochement des cœurs et à la solution de la question sociale. Mais pour accomplir intégralement ce que demande le devoir de la bienfaisance, il importe de rompre enfin avec toutes les fausses et égoïstes théories païennes concernant la propriété et de revenir à la conception, seule équitable, de l'Evangile. La propriété a des droits sacrés, mais elle a aussi des devoirs imprescriptibles et ces devoirs ont été étrangement négligés depuis que les principes religieux n'inspirent plus ni les institutions publiques des peuples, ni la conduite privée de beaucoup de particuliers. La part faite aux pauvres a été d'autant plus grande que la foi était plus vive et aux époques où la loi chrétienne était respectée on trouvait partout ces droits de glanage, de vaine pâture, de glandée et autres, qui mettaient les malheureux à l'abri d'une misère complète en lui permettant de se procurer sur le terrain d'autrui les choses les plus indispensables à la vie. — Puisse cette divine loi reprendre son ancienne influence; la question sociale sera en grande partie résolue le jour où chacun observera le conseil de saint Paul : *Vestra autem abundantia illorum inopiam suppleat ut fiat æqualitas, sicut scriptum est : qui multum, non abundavit, et qui modicum, non minoravit* (1).

III. — **Devoirs d'équité naturelle qui incombent aux riches et aux patrons.** — A côté de droits dont la violation constitue une véritable injustice et entraîne l'obligation de restituer, les ouvriers en ont d'autres qui sont tout aussi certains, tout aussi sacrés, tout aussi stricts, sans relever pourtant de la justice commutative. Parmi ces droits, il faut citer : le droit au respect, le droit aux facilités indispensables pour l'accomplissement des devoirs de père, d'époux, de citoyen et surtout de chrétien, le droit de ne pas être astreint à un travail exagéré ou trop dangereux ; le droit enfin d'être efficacement protégé contre les accidents qui peuvent exposer la santé ou la vie et s'il s'agit de femmes ou d'enfants contre tout ce qui peut porter atteinte à la foi, à la pudeur et à la vertu. Ces droits, pour n'être pas de ceux qui s'apprécient à prix d'argent, n'en sont pas moins réels et moins respectables. Bien plus, ils sont inaliénables. Celui qui les a reçus de la nature ne peut y renoncer ; ils appartiennent à la catégorie de ces *res sacræ* qui ne sauraient faire l'objet d'une transaction. C'est donc un devoir rigoureux de ne pas les violer. Cette violation constitue plus qu'une faute contre la charité, elle va contre ce que certains ont appelé la *justice sociale* et que nous nous contenterons d'appeler du nom plus général et moins nouveau d'*équité naturelle*.

1° *Le riche doit respecter la dignité du pauvre et de l'ouvrier.* — « Les riches et les patrons, dit Léon XIII, ne doivent pas traiter l'ouvrier en esclave. Il est juste qu'ils respectent en lui la dignité de l'homme relevée encore par celle du chrétien. Le travail commun au témoignage de la raison et de la philosophie chrétienne loin d'être un sujet de honte fait honneur à l'homme parce qu'il lui fournit un noble moyen de sustenter sa vie. Ce qui est honteux et inhumain, c'est d'user de l'homme comme

(1) II Corinth., VIII, 14-15.

d'un vil instrument de lucre, de ne l'estimer qu'en proportion de la vigueur de son bras (1). »

Aux siècles de foi, ouvriers et domestiques étaient considérés par les maîtres et se considéraient eux-mêmes comme des membres de la famille. Le nom de patron dérive, de père, nom donné encore aujourd'hui au chef d'une exploitation, d'un commerce ou d'une industrie est comme un lointain souvenir de cet ancien état de choses. A l'heure actuelle malheureusement, les bonnes et cordiales relations d'autrefois, ces relations que la nature demande, ont disparu presque partout. Serviteurs et ouvriers ne sont plus que des individus, que des étrangers qui reviennent chaque jour et aux mêmes heures faire des travaux strictement déterminés et payés à prix d'argent; sous tous les autres rapports ils restent complètement en dehors de la famille qu'ils servent. Bienveillance d'un côté, dévouement de l'autre, fidélité réciproque, souci des intérêts du maître par le serviteur et des intérêts du serviteur par le maître, tout cela a, sinon complètement disparu, au moins considérablement diminué. Le vrai patronnat n'existe presque plus ; il a été remplacé par le capital anonyme, dégagé de responsabilités, soucieux avant tout de dividendes et ne voyant guère dans les personnes qu'une chose sans autre valeur que celle qu'on peut chiffrer.

L'ouvrier, au lieu de se trouver en face d'un maître, se trouve en présence d'une société d'actionnaires inconnus représentée pour lui par un directeur et des employés supérieurs salariés comme lui et qui ne sont, suivant l'expression d'Adam Müller, « que des machines à calcul raisonnant pour tout le monde, que des moteurs mettant en mouvement les divers rouages de l'usine, que des choses plus intelligentes et plus grandes, poussant des choses plus petites à produire des choses nouvelles. »

Dans l'ouvrier, on ne voit trop souvent que le producteur, que l'outil, que « l'instrument de lucre. » C'est une sorte de machine plus perfectionnée, plus intelligente, mais bien moins docile que celles qui viennent des ateliers des grands constructeurs. « On lui donne en espèces la ration que l'on donne aux autres en anthracite ou en briquettes » ; et on ne l'estime qu'en raison des services qu'elle rend et des bénéfices qu'elle procure. C'est presque revenir au temps de la servitude antique, à ces siècles païens où l'esclave n'était point considéré comme une

(1) Encyclique : *Rerum novarum.*

personne, mais comme une chose : *res non persona.*

Au lieu du producteur, c'est l'homme et le chrétien qu'il faudrait voir dans l'ouvrier : l'*homme*, c'est-à-dire quelqu'un ayant la même nature que nous, les mêmes droits que nous, la même fin que nous, le même père commun que nous ; le *chrétien*, c'est-à-dire un de nos semblables, comme nous disciple de Jésus, comme nous racheté du sang du Sauveur, comme nous incorporé à l'Eglise, comme nous marqué du divin caractère du baptême, comme nous appelé à partager au ciel l'héritage du Christ. Cet homme, il est vrai, est né pauvre ; ce chrétien a besoin de gagner son pain à la sueur de son front ; mais la pauvreté est-elle une honte et le travail même manuel constitue-t-il un déshonneur ? Est-ce que le fils de Dieu, venant sur la terre, n'est pas né de parents pauvres, n'a pas vécu pauvre, n'a pas choisi ses premiers disciples parmi les pauvres, n'a pas fait des pauvres ses amis, ses compagnons ordinaires, les préférés de son cœur ? Est-ce que l'Eglise n'a pas toujours considéré les pauvres comme ses enfants de prédilection ? Ne les a-t-elle pas toujours entourés de respect et d'égards ? Et le grand Bossuet, est-il autre chose que l'écho éloquent de la tradition chrétienne lorsqu'il parle de l'éminente dignité du pauvre. « Qu'on ne méprise plus la pauvreté et qu'on ne la traite plus de roturière. Le roi de gloire l'ayant épousée, il l'a ennoblie par cette alliance et ensuite il accorde aux pauvres tous les privilèges de son empire. Il promet le royaume aux pauvres, la consolation à ceux qui pleurent, la nourriture à ceux qui ont faim, la joie éternelle à ceux qui souffrent (1). »

Comme la pauvreté le travail a été ennobli par Notre Seigneur. Le Christ a grandi dans un atelier de charpentier et, pendant de longues années, il a partagé les rudes labeurs de son père nourricier. « Que ceux qui travaillent de leurs mains se réjouissent, dit encore Bossuet, Jésus est de leur corps. » Oui, Jésus est de leur corps, il a été ouvrier comme eux et, par là, il a réhabilité le travail et rappelé sa dignité trop longtemps méconnue. La prédication chrétienne des premiers siècles s'applique à émanciper, à relever, à encourager, à former la classe des travailleurs qui s'effaçait dans l'antiquité entre les maîtres et les esclaves. Elle lui enseigne que travailler c'est accomplir la loi fondamentale du genre humain :

(1) Bossuet. — Sermon : *Sur l'éminente dignité du pauvre*, IIIe partie.

« l'homme naît pour le labeur (1) » et qu'accomplir cette tâche, souvent pénible, non seulement ce n'est pas s'abaisser, mais c'est s'honorer et se grandir. Et depuis lors, l'Eglise n'a cessé d'honorer le travail comme d'honorer la pauvreté ; en toute circonstance elle en prêche l'excellence et la nécessité, elle encourage les ordres religieux qui donnent au travail manuel une large place dans leur règle et ce sont ses moines qui ont défriché la plus grande partie des profondes forêts de notre vieille Europe. « Tenant son regard sur celui qui, fils de Dieu et Dieu lui-même, a voulu passer aux yeux du monde pour le fils d'un artisan et est allé jusqu'à consommer une grande partie de sa vie dans un travail mercenaire, elle estime avec raison que la vraie dignité de l'homme et son excellence résident, non dans la fortune, mais dans les mœurs, c'est-à-dire dans la vertu (2). » Aussi a-t-elle toujours témoigné au travailleur probe et honnête un respect dont il est absolument digne et qu'on ne saurait trop lui accorder (3).

L'ouvrier n'a souvent d'autre patrimoine que sa dignité d'homme et de chrétien, elle constitue son seul bien, on comprend qu'elle lui soit précieuse et qu'il ne souffre qu'avec une peine extrême d'y voir porter atteinte. Sur ce point il est d'une susceptibilité presqu'ombrageuse. Placé par rapport à ceux qui l'emploient dans une sorte d'état de dépendance, obligé de recevoir leurs ordres et de se soumettre à leur volonté, à moins d'être chrétien, il n'accepte pas une pareille situation, sans qu'il en coût, parfois à son amour-propre. Il consent bien à obéire mais il ne veut pas qu'on lui fasse trop sentir son infé-

(1) *Homo nascitur ad laborem.* JOB, v, 7.
(2) Encyclique : *Rerum novarum.*
(3) On reproche à l'Eglise d'avoir rabaissé le travail en le représentant comme un châtiment infligé à l'homme après la chute originelle. L'accusation n'est pas fondée. L'Eglise n'a jamais prétendu que l'homme, s'il eût persévéré dans l'innocence, eut vécu dans l'oisiveté. Il eut travaillé comme il travaille, seulement il se fût porté librement au travail, comme à un exercice agréable, il l'eût fait sans fatigue, il n'y eut trouvé que des satisfactions et des charmes. — Dans l état actuel, au contraire, le travail est une peine, il coûte, il fatigue, on ne s'y porte qu'avec répugnance et on ne l'accomplit qu'au prix d'ennuyeux efforts. — Ce n'est pas le travail lui-même, mais ce qu'il y a de dur dans le travail qui constitue le châtiment du péché. Adam travaillait avant sa chute, puisqu'il est dit dans l'Ecriture : *Posuit Dominus Deus hominem in paradiso voluptatis ut operaretur.*

riorité sociale. Il est chatouilleux à l'excès sur l'article des procédés et souvent ces grèves désastreuses, qui viennent accentuer l'antagonisme des classes et causer de si graves préjudices au travail comme au capital, n'ont d'autre point de départ que la dureté d'un chef ou le manque d'égards d'un supérieur. Peu habitué à se voir prodiguer les marques de respect, l'ouvrier est très sensible à celles qu'on lui donne, elles le relèvent à ses propres yeux, l'aident à supporter sa vie de sujétion et de misère et sont le moyen le plus sûr d'arriver à son cœur.

2° *Les riches et les patrons doivent à leurs domestiques et à leurs ouvriers les facilités dont ceux-ci ont besoin pour remplir leurs devoirs de pères, d'époux, de citoyens et surtout de chrétiens.* — Les ouvriers, s'ils sont *mariés et pères de famille*, ont en cette qualité des obligations spéciales et des devoirs particuliers. Il ne doivent pas seulement procurer à leurs enfants le pain de tous les jours, ils doivent encore les surveiller, s'occuper de leur éducation, les protéger contre les dangers qui peuvent menacer leur foi ou leurs mœurs, travailler à les placer et à les établir. Ces obligations imposées aux parents par la nature sont des plus saintes, rien ne saurait dispenser de les remplir et tout engagement, même librement consenti, qui en rendrait l'accomplissement impossible serait nul et de nul effet. Si l'ouvrier n'a pas le droit d'accepter une situation et des charges qui ne lui permettraient pas de s'acquitter convenablement de devoirs, sacrés entre tous, à plus forte raison personne ne peut lui imposer un travail et l'astreindre à un genre de vie incompatibles avec ses obligations de père. Ce n'est pas même assez de lui accorder la somme de liberté, d'indépendance et de facilités strictement suffisante pour qu'il puisse s'acquitter de ses devoirs, il faut aller plus loin. La paternité n'apporte pas que des peines et ne crée pas que des devoirs, elle procure aussi des joies et confère des droits. Ces joies l'ouvrier peut légitimement aspirer à les connaître. Dieu qui lui a donné le droit d'avoir un foyer et des enfants lui a donné par le fait même le droit de vivre de la vie de famille et de goûter quelques-unes des jouissances du foyer (1). La famille est la base de la société, c'est sa

(1) Il est triste que des hommes puissent dire : « ...Mon petit garçon commençait à parler et je ne pouvais jamais l'entendre. Lorsque je partais, au petit matin, il dormait encore ; lorsque je rentrais, à la nuit, il était déjà couché. Sa mère me racontait ses gentillesses, ses petits mots drôles, eh bien, je me détour-

grande et suprême réserve. On ne se préoccupera jamais assez de l'encourager, de la protéger, de resserrer les liens qui doivent unir les divers éléments qui la composent. Tout ce qui tend à en affaiblir l'esprit, tout ce qui tient loin du foyer le père et surtout la mère est un crime contre la nature et un coup porté à l'édifice social déjà assez ébranlé.

L'ouvrier est *citoyen* et possède tous les droits que ce titre confère dans nos sociétés démocratiques. Il peut les exercer à sa guise et exiger qu'on lui épargne toute pression et toute violence. Le patron peut, il doit même, travailler à l'instruire, à l'éclairer, à rectifier ses idées, s'il les croit fausses, à l'amener à d'autres opinions, s'il les juge meilleures; mais il ne saurait les lui imposer. Ce serait un procédé odieux que de contraindre quelqu'un, qui a besoin de travailler, de voter ou d'agir contrairement à sa conscience sous peine de perdre sa place. Une pareille manière de faire constituerait une atteinte à la liberté et une violation du droit qu'on ne pourrait que flétrir.

L'ouvrier *a une âme* et par conséquent des devoirs religieux. « Le christianisme, dit Léon XIII, prescrit qu'il soit tenu compte des intérêts spirituels de l'ouvrier et du bien de son âme. Aux maîtres il revient qu'il y soit donné pleine satisfaction (1). » Ces intérêts étaient autrefois une des grandes préoccupations, on pourrait dire la première préoccupation des patrons. Ils se considéraient comme ayant charge d'âme, non seulement par rapport à leurs enfants, mais encore par rapport à leurs serviteurs qu'ils regardaient comme des membres de leur famille. Ils se croyaient tenus de leur fournir toutes les facilités nécessaires pour s'acquitter de leurs devoirs de chrétiens et même de les aider à vivre conformément à la loi de Dieu et de l'Eglise. Aujourd'hui les idées religieuses n'exercent plus la même influence et les liens s'étant singulièrement distendus entre l'ouvrier et le patron, celui-ci affecte généralement de ne connaître que le « travailleur »,de ne s'occuper de lui qu'au point de vue professionnel, d'ignorer ce qu'il fait en dehors de l'atelier et de se désintéresser de ses croyances. Il lui demande de fournir une tâche déterminée, et pourvu que cette tâche soit régulièrement

mais pour ne pas lui laisser voir mes larmes. Il était si joli, mon petit, si joli... Une nuit, il s'est mis à tousser, le lendemain je ne suis pas retourné à l'atelier. L'enfant m'a dit : « Papa, papa, reste avec moi, joue avec moi ». C'était la première fois que mon fils m'ait appelé papa, et la dernière ».

(1) Encyclique : *Rerum novarum*.

accomplie, il le laisse vivre à sa guise et s'arranger avec sa conscience comme il l'entend.

Le patron n'a pas à imposer un culte et des pratiques à l'ouvrier qui n'en veut pas, mais il est tenu de laisser, à celui qui les désire, les moyens suffisants pour remplir convenablement les devoirs que sa foi lui impose. A moins que les nécessités du service ne le permettent en aucune manière, il doit lui assurer, entr'autres choses, le repos du dimanche, la facilité d'assister à la messe, la possibilité de s'instruire de sa religion et de donner satisfaction à toutes les légitimes exigences de son âme.

Des maîtres, même chrétiens, s'abusent d'une façon quelquefois étrange sur l'étendue de ce devoir. Le dimanche, tantôt ils imposent des travaux qui pourraient être renvoyés au lendemain ou faits la veille, tantôt ils retiennent durant la matinée entière à l'atelier, à l'usine, au magasin ou à la maison des employés, des ouvriers, des domestiques qui sont ainsi dans l'impossibilité d'assister au moins habituellement à la messe; tantôt ils n'accordent à leur personnel que le temps strictement requis pour s'acquitter de l'indispensable et par là sont cause que ceux, dont ils ont charge, délaissent peu à peu les pratiques chrétiennes. Les maîtres et les patrons ne faciliteront jamais assez l'accomplissement des devoirs religieux. Ne le feraient-ils pas par respect des droits de la conscience, ils devraient le faire par intérêt personnel et surtout par préoccupation sociale. Ils devraient le faire par intérêt personnel, car plus un ouvrier sera sincèrement chrétien, plus il sera fidèle, honnête, dévoué, scrupuleux et appliqué. — Ils devraient le faire davantage encore par préoccupation sociale, car c'est dans la religion que l'ouvrier trouvera la force d'imposer silence à ses colères, à ses convoitises, à ses jalousies, à ses mécontentements, à ses impatiences; c'est sa foi qui l'aidera à supporter avec résignation les privations, les souffrances et les fatigues de la vie en lui rappelant que les inégalités qui existent ici-bas sont voulues par la Providence, qu'au delà du temps il y a l'éternité avec ses joies et ses récompenses sans fin, que ces joies et ces récompenses l'attendent, au moins autant que le riche, et qu'elles sont destinées à payer au centuple les afflictions de ce monde chrétiennement acceptées.

La religion est bien toujours « la chanson qui berce la misère du pauvre et endort sa douleur ». Elle ne supprime pas la misère et les douleurs, mais elle les adoucit, elle les console, elle les sanctifie, elle les rend tolérables, et elle constitue ainsi la digue la plus puissante qu'il soit possible d'opposer au flot sans cesse montant des colères populaires et des haineuses revendications des masses.

La religion, comme avec sa haute compétence le démontre Léon XIII, est le grand soutien de l'édifice social ; tout coup dirigé contre elle est un coup dirigé contre l'ordre et la paix ; seule en effet elle peut prévenir les terribles conflits et empêcher les guerres de classes dont nous sommes si gravement menacés.

3° *Les maîtres doivent n'imposer à l'ouvrier qu'un travail modéré qui soit en rapport avec ses forces et qui n'ait rien de trop dangereux.* — « Il est défendu encore aux patrons, dit l'Encyclique *Rerum novarum*, d'imposer à leurs subordonnés un travail au-dessus de leurs forces ou en désaccord avec leur âge ou leur sexe. » Les forces de l'ouvrier ont des limites, même lorsqu'il a atteint son plein développement physique, il ne saurait impunément fournir au delà d'une certaine somme d'efforts et donner au travail au delà d'un temps déterminé. Son corps réclame des ménagements, il exige un repos suffisant sous peine de n'être plus bientôt qu'un instrument usé, incapable de continuer ses services. On se préoccupe, à l'usine, de ne pas soumettre une machine à une pression trop haute, de ne pas demander à un cheval un travail trop prolongé ou trop dur, il est juste qu'on ait au moins un égal souci de l'ouvrier qui dirige la machine, de l'homme qui conduit le cheval, qu'on se préoccupe de leur santé et qu'on leur évite un surmenage qui leur serait préjudiciable.

Mais la responsabilité du maître est encore plus considérable, et par conséquent sa sollicitude doit être plus attentive, lorsqu'il emploie des femmes ou des enfants. Il ne peut leur demander qu'un travail en rapport « avec leur âge et leur sexe ». L'enfant n'est pas encore formé, en lui imposant une tâche au-dessus de ses forces on peut arrêter sa croissance, mettre obstacle à son développement normal et faire de lui pour toujours un être souffreteux et malingre. La femme est inapte à une infinité de travaux, sa constitution frêle, sa nature délicate lui interdisent les occupations trop fatigantes, elle a besoin de ménagements extrêmes et c'est surtout dans les ateliers où travaillent des jeunes filles qu'on a le devoir de se préoccuper des questions de salubrité, d'hygiène, de prudence et autres se rapportant à la santé. On a fait des lois pour réglementer le travail des femmes et des enfants. Ces lois inspirées par des considérations très élevées sont modérées et sages, elles doivent être scrupuleusement observées alors même qu'elles offriraient quelques inconvénients. Les intérêts engagés sont très graves ; il y a plus qu'une question de dignité et d'humanité ; il y va, suivant le mot de Le Play, de l'avenir de notre race.

Certaines industries sont particulièrement meurtrières ; les matières qu'on y manipule, les exhalaisons qu'on y respire, l'atmosphère humide ou surchauffée dans laquelle il faut vivre, les conditions exceptionnellement pénibles dans lesquelles on doit travailler causent souvent des maladies graves ou font naître des infirmités précoces. Ce n'est pas assez que le patron tienne compte de ces risques dans la fixation des salaires, il est encore tenu de prendre toutes les mesures indiquées par la science, l'expérience et le dévouement pour diminuer les dangers et protéger la santé des ouvriers.

4° *Le riche et le patron doivent garantir leurs ouvriers contre les accidents professionnels auxquels ils sont exposés.* — Des accidents se produisent tous les jours. Quelques-uns sont mortels ; d'autres moins graves ou laissent l'ouvrier estropié pour toujours ou le mettent pour un temps dans l'impossibilité de travailler. C'est alors pour lui le chômage, l'infirmité et leur triste cortège ; pour sa famille, dont il était l'unique gagne-pain, la misère et souvent la misère noire ; pour la société, des malheureux de plus à nourrir et à aider. Il est équitable que le patron, pour qui l'ouvrier travaille et s'expose, prévoie ces risques et agisse en conséquence. Par sa vigilance il doit s'appliquer à prévenir les accidents ; mais comme, même avec les précautions les plus minutieuses, il est impossible de tout prévoir et de tout éviter, il importe qu'il prenne lui-même, — ou fournisse à l'ouvrier le moyen de prendre, — les mesures nécessaires pour obvier aux principaux inconvénients d'un accident s'il vient à se produire. Ainsi la famille ne sera pas sans pain et le travailleur blessé ne se trouvera pas réduit à la misère en même temps qu'à l'inaction.

Lorsqu'un accident s'est produit, le patron peut être tenu *en stricte justice* de payer à la famille ou au blessé une indemnité proportionnée au préjudice subi ; mais pour cela il faut que l'accident lui soit de quelque façon imputable. S'il n'y a ni imprudence, ni négligence de sa part, si l'accident ne s'est produit que par le fait de celui qui en a été victime, le patron n'a alors que des devoirs ordinaires de charité.

Les lois civiles, dans la louable préoccupation d'empêcher une famille de tomber dans la misère et un ouvrier, mis dans l'impossibilité de travailler, de manquer de moyen d'existence, étendent très loin la responsabilité patronale. L'intention est louable, on veut moralement obliger tous ceux qui sont à la tête d'une entreprise d'assurer leur personnel, mais le procédé est-il absolument juste? Sous prétexte de sauvegarder les intérêts de la classe laborieuse, ne va-t-on pas jusqu'à imposer au patronat des charges par trop lourdes et surtout des responsabilités par trop pesantes? Les difficultés d'application et les réclamations motivées qu'a soulevées naguère la mise en vigueur de la législation française le laisseraient croire. Un juste milieu est souvent malaisé à tenir, mais tous les droits sont également respectables et il est dangereux de léser les uns même pour favoriser les autres.

5° *Les patrons et les maîtres doivent veiller à ce qu'on respecte l'innocence des enfants, la pudeur et la dignité des femmes qu'ils emploient.* — Les patrons et les maîtres ont la responsabilité de leurs ateliers ou de leurs maisons ; ils doivent y exercer une surveillance sérieuse, en bannir les désordres et y interdire sévèrement tout ce qui constituerait une atteinte à la morale. La responsabilité est particulièrement grande et la surveillance doit être particulièrement attentive et sévère, lorsqu'ils occupent des enfants, des jeunes filles ou des femmes.

L'innocence de l'enfant est chose sainte autant que délicate ; c'est un bien d'un prix inestimable, il suffit d'un rien pour la flétrir d'une manière irréparable. Incapable de se défendre lui-même, l'enfant a besoin d'être entouré de protection et si l'on ne peut pas espérer qu'il échappera toujours à toute contagion du vice, on lui doit au moins de l'aider à se préserver le plus longtemps possible. Ce devoir de protection incombe en premier lieu aux parents; mais à l'usine, à l'atelier, au magasin, au chantier, la ferme, le patron est substitué aux parents,et s'il a une partie de leurs droits, il a aussi une large partie de leurs devoirs.

Il serait désirable que la jeune fille et surtout la femme mariée n'eussent point à sortir du sanctuaire du foyer domestique où la Providence a fixé leur place et où elles vivraient cachées, abritées, pudiques, entourées de chères affections. L'atelier et l'usine ont pour elles de graves inconvénients ; malheureusement les nécessités sociales forcent aujourd'hui un grand nombre de femmes et de jeunes filles à y vivre ou au moins à y passer. Il ne faut pas oublier que pour elles comme pour l'homme le travail n'a rien de déshonorant ; parce qu'elles sont obligées de vivre de leurs mains, elles ne cessent pas d'avoir droit à tous les respects et à tous les égards que les gens bien élevés accordent à leur sexe. Ce serait un crime odieux et une infâme lâcheté d'abuser de la sorte de dépendance dans laquelle elles se trouvent. Le patron a le devoir de les respecter le premier et de les faire respecter par ses contre-maîtres et ses ouvriers. Puisse dans l'intérêt supérieur de la famille venir le jour où la femme n'aura pas à vivre sous la domination d'un contre-maître, au milieu de compagnes d'une moralité douteuse, en contact perpétuel avec des hommes, séparée de son mari et de ses enfants !

IV. Devoirs de convenance sociale qui incombent aux riches. — Ces devoirs sont nombreux, les énumérer tous serait trop long, il suffira de signaler en quelques mots les principaux.

1° *Les riches doivent donner le bon exemple.* — Les riches ont reçu de Dieu une vraie mission ; la situation qu'ils occupent, les ressources dont ils disposent, l'autorité qu'ils possèdent, les fonctions qu'ils remplissent, les services qu'ils peuvent rendre leur donnent un ascendant considérable et leur permettent d'exercer autour d'eux une action salutaire. Leur conduite a toujours une incontestable influence sur la conduite de ceux qui sont moins favorisés qu'eux du côté des biens de la fortune. On les observe, on prend modèle sur eux, on s'autorise de ce qu'on leur voit faire ; il faut donc que leur vie soit irréprochable et qu'ils donnent l'exemple de toutes les vertus de l'homme public et de l'homme privé.

2° *Les riches doivent soutenir la religion et l'Eglise.* — Ils doivent les favoriser de tout leur pouvoir, non pas pour s'en servir comme d'instruments de domination ; mais pour accroître la bienfaisante influence que ces divines institutions sont appelées à exercer aujourd'hui plus peut-être que jamais.

« La question qui s'agite — la question sociale — est d'une nature telle, dit Léon XIII, qu'à moins de faire appel à la religion et à l'Eglise, il est impossible de lui trouver une solution efficace.... Assurément une cause de cette gravité demande encore à d'autres agents leur part d'activité et d'efforts ; mais nous affirmons sans hésitation l'inanité de leur action si elle n'est pas jointe à l'action de l'Eglise. C'est l'Eglise, en effet, qui puise dans l'Evangile des doctrines capables soit de mettre fin au conflit, soit au moins de l'adoucir, en lui enlevant tout ce qu'il a d'âpreté et d'aigreur..... (1). » Si la question sociale doit être

(1) Encyclique : *Rerum novarum.*

jamais résolue, elle ne le sera, comme autrefois la question tout aussi délicate de l'esclavage, que sous l'influence des idées religieuses et avec le concours de l'Eglise. En attendant, la religion demeure le plus ferme appui de la propriété dont elle proclame l'origine divine, et dont elle affirme les droits. Elle est aussi la plus efficace sauvegarde de la paix entre riches et pauvres, patrons et ouvriers. Elle prêche aux uns la patience, la résignation, le respect du bien d'autrui ; aux autres la justice, la bonté, les égards, la condescendance, la générosité affectueuse, le souci charitable de soulager l'infortune; elle arrive ainsi à rapprocher les cœurs et à combler, en partie, le fossé qui sépare les diverses classes de la société. — Le riche ayant plus que personne intérêt à ce que la propriété soit respectée, l'ordre gardé et la paix affermie, ne saurait prêter trop d'appui à des institutions qui seules sont capables de maintenir efficacement la paix, l'ordre et la propriété.

3° *Les riches doivent s'appliquer à faire pénétrer dans les masses des idées de sagesse, de modération et de conservation.* — Il y a là encore un apostolat à pratiquer et c'est faire œuvre utile, œuvre nécessaire même, que de se préoccuper de l'éducation politique et de l'éducation sociale des masses populaires, comme de leur éducation religieuse et de leur éducation professionnelle. Elles sont appelées à exercer une action prépondérante sur les affaires du pays; elles doivent jouer un rôle capital dans la solution des questions économiques qui se débattent, elles sont le nombre, elles ont la force, elles peuvent devenir le pouvoir, il importe qu'elles ne cèdent pas à des passions, à des convoitises, à des préjugés, à des entraînements regrettables et ne mettent pas la puissance énorme qu'elles constituent au service des mauvaises causes. Les problèmes qui sont posés devant elles touchent à ce qu'il y a de plus délicat et de plus irritant en même temps que de plus actuel et de plus vital, elles ne peuvent pas s'en désintéresser. Si elles ne sont pas éclairées, elles se trouvent à la merci du premier démagogue ou du premier meneur venu ; elles se laissent conduire par des ambitieux qui les flattent pour les exploiter ; elles prennent pour des raisons les dangereux sophismes que leur apporte leur journal et pour des réalités les mirages menteurs que leur montrent les professionnels des révolutions ou des grèves. — Dans les erreurs du prolétariat, comme dans ses violences et ses soulèvements, il y a incontestablement une part à faire à ses rancunes, à ses jalousies, à sa lassitude de misère et de souffrance, à ses instincts mauvais ; mais il y a une part au moins aussi grande à faire à ses préjugés et à son ignorance. Il n'est pas aisé de faire tomber ces préjugés et de mettre fin à cette ignorance ; mais parce que la tâche est difficile, ce n'est pas une raison pour se dispenser d'essayer. Des tentatives ont été faites, les résultats obtenus sont encourageants et l'on a vu, grâce aux Cercles catholiques d'études sociales, des hommes appartenant aux partis les plus avancés, venir peu à peu aux idées modérées et se faire, quand ils ont été éclairés, les défenseurs ardents de doctrines qu'ils avaient jusque-là combattues avec violence.

4° *Les riches doivent s'efforcer d'accroître le bien-être matériel de ceux au milieu desquels ils vivent.* — Ils le peuvent en les initiant aux perfectionnements agricoles ou industriels, en leur faisant connaître les procédés nouveaux de culture ou de fabrication, en leur montrant la mise en pratique et les avantages de méthodes qu'ils ignorent. Des contrées entières ont été transformées grâce à l'action de tel ou tel grand propriétaire, qui prenant au sérieux ses devoirs de riche, s'est donné la noble mission d'améliorer la situation matérielle de ses concitoyens en les tirant de la routine et en les faisant bénéficier des découvertes de l'expérience et de la science. Par ses exemples il leur a appris à se servir de machines, à employer des engrais spéciaux, à s'occuper de cultures nouvelles et à faire autrement les cultures anciennes, à obtenir de meilleurs produits et de plus abondantes récoltes, à doubler ou à tripler le rendement, à mettre le bien-être là où précédemment il n'y avait que gêne et que misère. Il a été leur initiateur, leur guide, leur conseiller, quelquefois même leur bailleur de fonds et grâce à lui ils peuvent soutenir la concurrence étrangère et malgré la crise agricole que nous traversons, vivre dans une honnête aisance. Que de villes industrielles qui ne doivent leur prospérité qu'à l'initiative intelligente, qu'au dévouement généreux d'un homme de cœur qui a su mettre une population ouvrière en état de lutter sans désavantage avec les producteurs des autres pays ! Il y a là, pour ce que l'on est convenu d'appeler *la classe dirigeante*, un moyen sûr de reconquérir l'influence qu'elle possédait autrefois et qu'elle a presque complètement perdue aujourd'hui.

5° *Le patron devrait être en contact avec ses ouvriers et le propriétaire terrien devrait vivre le plus possible sur ses terres.* — Le patron en vivant au milieu de ses ouvriers apprend à les connaître et à les apprécier. Il se rend mieux compte de leurs besoins ; il s'intéresse davantage à leur sort ; voyant de plus près leurs nécessités, il est plus porté à les secourir. Il a sur eux plus d'autorité que ses employés même les meilleurs et peut arriver à écarter bien des causes de conflit. Les employés, directeurs, ingénieurs, contremaîtres et autres ne sont que des agents d'exécution presqu'impersonnels, agents exigeants, souvent rigoureux et sévères ne connaissant que la consigne et ne tenant presque jamais compte des situations exceptionnelles. Il n'est pas rare que leur intervention aigrisse les conflits et accentue l'antagonisme du capital et du travail.

Les ouvriers aiment toujours mieux traiter avec le patron, il leur en coûte moins de lui obéir que d'obéir à un de ses représentants ; ils ont plus de confiance dans son équité et dans sa largeur ; bien des fois on les a vus demander la suppression des intermédiaires et réclamer la possibilité de débattre directement avec le maître certaines questions plus particulièrement graves ou irritantes. Rien ne leur est plus pénible que de ne trouver habituellement en face d'eux que des règlements et à côté de ses règlements des fonctionnaires dont la grande, sinon l'unique préoccupation, est d'en assurer la minutieuse observation. Le respect, la confiance, la cordialité ne sauraient régner dans de pareilles conditions et ce n'est pas avec un pareil état de choses que l'on arrivera à reconstituer cette *societas herilis* que le Moyen-Age a connue et dont le rétablissement serait si désirable.

Une des grandes plaies de nos campagnes c'est l'*absentéisme* des grands propriétaires. Ils passent l'hiver à la ville, courent l'été les stations balnéaires ou thermales, ne font que de rares apparitions dans leurs terres, y viennent passer quelques jours à la belle saison ou à l'époque de la chasse, repartent sans avoir vu leurs métayers ou leurs domestiques, ne se préoccupant de leurs domaines que pour en toucher les revenus et se déchargent de tous les soucis sur un régisseur qui a pour mission d'exercer une surveillance générale et de percevoir les fermages. Il s'acquitte parfois de sa charge d'une façon si dure et si maladroite qu'il trouve moyen de faire détester ses maîtres et de rendre leur nom odieux. L'influence des grands *terriens* pourrait être d'autant plus considérable que, par la nature même des choses, les fermiers et les ouvriers agricoles ont avec le propriétaire des relations plus fréquentes, qu'ils vivent généralement longtemps sur le même domaine et qu'ils sont dans une dépendance étroite du maître ; cette influence est aujourd'hui presque nulle. Fermiers et ouvriers ne voient pas le maître, ils ne sont que rarement admis à lui parler, ils ne traitent presque jamais les affaires avec lui, ils ne le connaissent que par intermédiaire. Il ne daigne pas s'asseoir à leur foyer, il ne se mêle pas à leur vie comme le faisaient les propriétaires d'autrefois, il ne leur témoigne pas cet intérêt affectueux qui donne ardeur, courage, confiance et patience. Il ne se montre à eux que sous la peu sympathique figure de son régisseur venant réclamer le terme échu ou présenter des observations souvent désagréables. C'est ainsi que la partie la plus saine de nos populations, la mieux préservée, la plus saisissable, la plus sérieuse, celle sur laquelle on compte davantage pour le triomphe des idées conservatrices, échappe complètement à toute influence patronale et risque de donner, elle aussi, dans les dangereuses utopies du socialisme. Nos campagnes sont travaillées activement par la propagande collectiviste : pendant longtemps, grâce à leur grand bon sens, elles ont fermé l'oreille aux excitations venues des villes ; leur résistance commence à mollir, elles se laissent entamer et l'on signale parmi les ouvriers agricoles une incontestable évolution vers les idées avancées. Il importe que la grande propriété reprenne son influence modératrice, elle ne la retrouvera qu'au jour où les grands propriétaires consentiront à vivre davantage sur leurs terres au milieu de leurs fermiers, de leurs tenanciers et de leurs domestiques.

CONCLUSION

En indiquant les principaux devoirs qui ont été imposés à la propriété et qui lui servent de correctif nécessaire nous sommes arrivé à la fin de notre étude. Dans cette modeste contribution à la théologie sociale nous nous sommes efforcé, en nous inspirant des traditions de l'Ecole et des lumineux enseignements de Léon XIII, de mettre en relief la doctrine si belle de l'Eglise sur la propriété.

Cette doctrine domine les deux théories contradictoires, irréconciliables et fausses qui se partagent actuellement le monde. Elle se tient à une égale distance et du Collectivisme qui nie la légitimité de la propriété et du Libéralisme qui en dénature la conception et on exagère les droits.

Tandis que le Collectivisme affirme que « la propriété est un vol » et que le Libéralisme soutient qu'elle constitue un droit tellement absolu, tellement illimité que le possesseur est libre de faire de ses biens tout ce qu'il veut « à la seule condition de ne pas marcher sur les plates-bandes du Code civil » ; la Théologie catholique professe que le droit de propriété est un droit véritable, venant de Dieu, inhérent à la nature humaine, inaliénable, mais limité par des devoirs et tempéré par des charges.

Aux yeux de l'Eglise et de ses Docteurs la propriété n'est qu'un moyen pour arriver à la fin dernière ; un don de Dieu dont nous n'avons que l'usufruit ; un fief qui doit être administré conformément aux lois du Décalogue et aux règles de la Justice, pour le plus grand bien de tous. Le Christianisme professe donc qu'à la propriété sont attachés des devoirs très considérables. Ces devoirs font de la propriété un bienfait social reposant sur la justice et la charité. Elle est protégée par la sanction divine, mais elle doit se conformer aux vues de la Providence et ne pas sortir des limites que lui a tracées la nature.

C'est parce que cette conception si équitable et si sage a été oubliée que certains systèmes monstrueux, tendant à tout bouleverser, ont pu se faire jour. La fausse théorie du communisme est née de l'égoïste et païenne théorie du droit absolu car un excès appelle toujours un autre excès et le Collectivisme n'est que le résultat d'une réaction violente provoquée par les exagérations de l'Ecole libérale. Ce n'est que par un retour sincère aux principes économiques de l'Eglise que l'on pourra arrêter les progrès du Socialisme et enlever tout fondement sérieux aux virulentes critiques qu'il formule contre la propriété individuelle. Comprise comme le veut l'Eglise, la Propriété individuelle n'offre presqu'aucun des inconvénients qu'on lui reproche. Ceux qu'elle présente se trouvent largement compensés par les avantages qu'elle procure, ils n'empêchent pas qu'on doive la considérer comme une institution souverainement utile et un véritable bienfait de Dieu.

Malheureusement ces idées chrétiennes, ont été bien oubliées depuis un siècle. Les classes dirigeantes se sont inspirées beaucoup plus des maximes du libéralisme économique que des conseils de l'Evangile ; l'égoïsme, la soif de jouissances, le besoin de paraître et d'éblouir ont trop souvent étouffé la pitié, comprimé la charité et même imposé silence à la justice. Les cœurs se sont aigris, des colères se sont fait jour, un antagonisme redoutable s'est établi entre ceux qui n'ont rien et ceux qui possèdent, et si l'on veut éviter une conflagration terrible on ne saurait trop méditer le grave avertissement tombé des lèvres de Léon XIII. « Il faut que les classes supérieures de la société aiment ceux qui gagnent leur pain à la sueur de leur front. Il faut qu'elles mettent un frein à l'impétueux et insatiable besoin de richesses, de grandeurs et de plaisirs, qui augmente tous les jours, en bas aussi bien qu'en haut. Tous recherchent les jouissances et comme tous ne peuvent pas contenter leurs appétits, il s'en suit le malaise et le mécontentement d'où découlent la révolte et l'insurrection. Ceux qui détiennent le pouvoir public doivent, se persuader que, pour conjurer le danger social, ni les lois humaines, ni les sentences des tribunaux, ni les armes du soldat ne leur viendront suffisamment en aide. Il importe, avant tout, de laisser à l'Eglise la liberté dont elle a besoin pour réveiller, dans les âmes, la connaissance des lois divines. Ensuite, il faut protéger les classes ouvrières, moyennant des lois sages et équitables, sauver la jeunesse, défendre la faiblesse de la femme, favoriser son rôle domestique, maintenir le droit et le devoir du repos dominical et pourvoir ainsi à la pureté des mœurs des familles et des individus. Le bien public, la justice et le droit naturel l'exigent impérieusement. Les patrons doivent considérer l'ouvrier comme leur frère, adoucir son sort autant que l'équité le demande et que les circonstances le permettent, veiller à leurs intérêts spirituels et corporels, leur donner le bon exemple, les édifier par une vie chrétienne et surtout ne jamais dévier des lois de l'équité et de la justice en visant à des bénéfices trop rapides et trop considérables (1). »

(1) Allocution aux pèlerins français, septembre 1891.

TABLE DES MATIÈRES

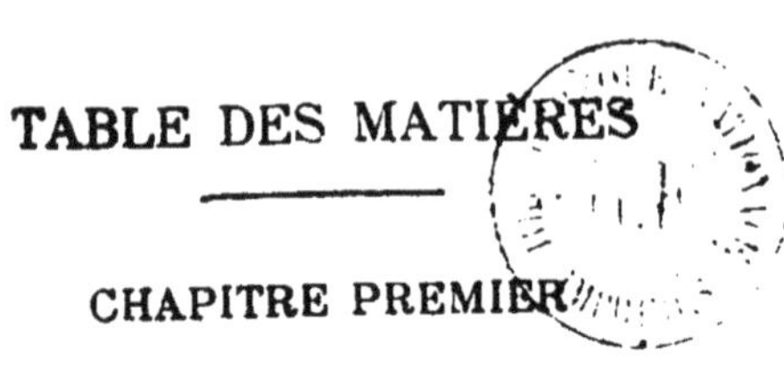

CHAPITRE PREMIER

Notions préliminaires

CHAPITRE II

Existence du droit de propriété privée

CHAPITRE III

Origine du droit de propriété privée

CHAPITRE IV

Des faits attributifs de la propriété

CHAPITRE V

CHAPITRE VI

CHAPITRE VII

CONCLUSION

1334-08. — Imprimerie des Orphelins-Apprentis, F. Blétit, 40, rue La Fontaine, Paris-Auteuil.

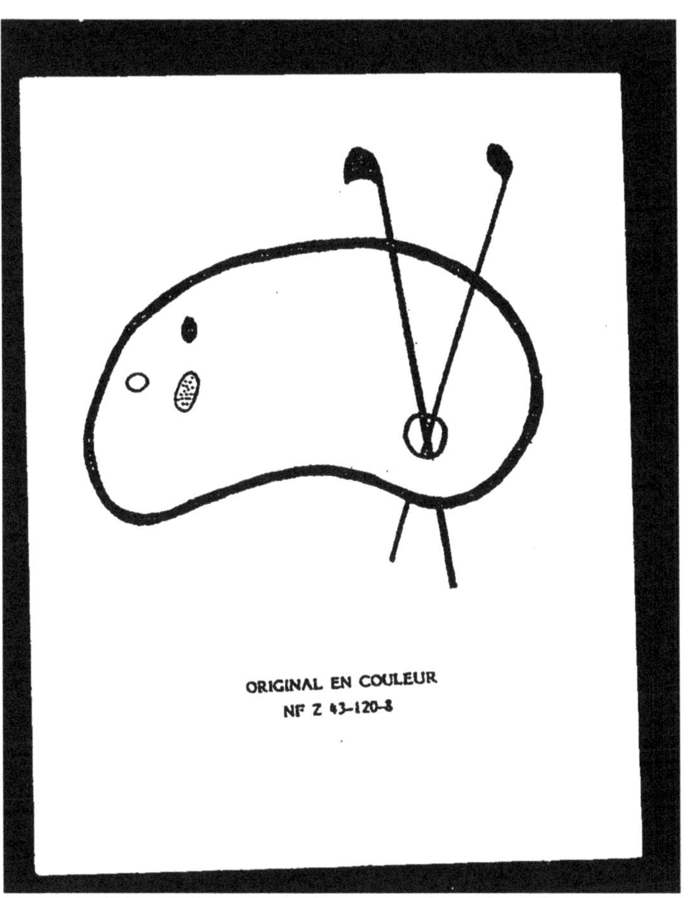
ORIGINAL EN COULEUR
NF Z 43-120-8

BIBLIOTHEQUE NATIONALE

CHATEAU de SABLE

1992

www.ingramcontent.com/pod-product-compliance
Ingram Content Group UK Ltd.
Pitfield, Milton Keynes, MK11 3LW, UK
UKHW021906260726
13966UKWH00006B/1043

9 782011 946737